# Freude am Garten
## in Herbst und Winter

© Naumann & Göbel Verlagsgesellschaft mbH, Köln
Autor: Christine Weidenweber
Satz und Gestaltung: Das Redaktionsbüro – Annette Mader, Köln
Gesamtherstellung: Naumann & Göbel Verlagsgesellschaft mbH, Köln
Alle Rechte vorbehalten

ISBN 978-3-625-12934-9

www.naumann-goebel.de

# Freude am Garten in Herbst und Winter

Die besten Tipps und Ideen für Pflege und Gestaltung

# Inhalt

6 Vorwort

**8 Feuerwerk der Farben und zarten Strukturen**
10 Blütenzauber zu allen Jahreszeiten
14 Farbenfrohe Vielfalt – Zwiebel- und Knollenpflanzen
24 Prachtvolle Beetpflanzen
34 Zuverlässige Blüher – Herbst im Staudengarten
48 Blätter, Früchte, Rinde – Gehölze und ihre Besonderheiten
56 Grazile Schönheiten – Gräser verzaubern den Herbst

**64 Die große Zeit der Ernte**
66 Der Gemüsegarten im Herbst
92 Kräuter für Leib und Seele
106 Der Obstgarten im Herbst
120 Lagerung und Vorratshaltung

**126 Den Garten winterfest machen**
128 Bodenschutz muss sein
132 Der Winter kann kommen
136 Gut eingepackt?!
140 Der Teich im Winter
141 Was außerdem wichtig ist

**142 Gartendekorationen im Herbst**
144 Früchte des Gartens
156 Herbstliche Top(f)-Dekorationen

**158 Arbeitskalender**

**160 Was grünt und blüht im Winter?**
162 Winterblüten vom Feinsten
169 Stauden im Winter – kleine Schätze
172 Immergrüne haben viel zu bieten

**184 Der Nutzgarten im Winter**
186 Was es zu ernten gibt
194 Lagerkontrolle nicht vergessen!
196 Planung – das Schönste am Winter

**200 Schnitt- und Pflanzzeit**
202 Hochsaison im Obstgarten
216 Ziergehölze
220 Stauden

**222 Gartendekorationen im Winter**
224 Harmonie in Erdtönen
232 In Szene gesetzt – Lichtblicke
236 Nützliches und Schönes

**238 Gartenprojekte**
240 Weidenruten als lebendes Gehölz
248 Einen Lagerkeller bauen

254 Register
256 Bildquellennachweis

# Herbst- und Winterfreuden

**Sicher – im Frühling und Sommer ist die hohe Zeit der Blüten, doch auch der Herbst hält ein Feuerwerk an herrlichen Farben und Formen für uns bereit.**

Jeder Hobbygärtner freut sich darauf, im Frühling die ersten Blüten bewundern zu können. Der Sommer im Ziergarten bietet dann einen regelrechten Überfluss an saftigem Grün und üppiger Blütenpracht. Doch gerade auch der Herbst hat seinen ganz besonderen Reiz. Das mag an der Gewissheit liegen, dass Wärme und Sonnenlicht schwächer werden und wir alles Bunte noch einmal in vollen Zügen genießen wollen.

Typisch für den herbstlichen Garten – um nur eine kleine Auswahl zu nennen – sind Astern, Herbstanemonen, Silberkerzen, späte Phlox- und Helenium-Sorten, Sonnenhüte, Goldruten, Dahlien, Chrysanthemen, Herbstzeitlose, Herbstkrokusse sowie spät blühende Ein- und Zweijährige. Dazu kommen viele Gehölze, die erst im Herbst und Winter ihre wahre Pracht offenbaren. Rosen gehören beispielsweise zu den Gewächsen, die neben schönen Blüten auch mit roten Hagebutten aufwarten. Diese sind als Nahrungsquelle für Vögel ebenso beliebt wie zu Dekorationszwecken.

Das herbstlich gefärbte Laub und die vielen bunten Früchte an Bäumen und Sträuchern sind weitere gern gesehene Farbkleckse. Hier seien nur die Vogelbeere, Ahornarten oder das Pfaffenhütchen genannt. Die Liste schöner Arten und Sorten für den Herbst ist lang und

*Es muss nicht immer Ahorn sein, um den „Indian Summer" nach Europa zu holen.*

# Vorwort

*Herbstastern und Dahlien gehören in jedes typische Herbstbeet.*

viele dieser Pflanzen werden auf den folgenden Seiten näher beschrieben. Fehlen darf an dieser Stelle aber nicht die große Palette der Gräser. Sie stehen im Garten für Beständigkeit und Ausdauer. Nur manche drängen sich ein bisschen in den Vordergrund, die meisten von ihnen verleihen Gartenbeeten einen leichteren Charakter, sie lockern auf und sind im Herbst und Winter filigrane zarte Gebilde, die vom Wind bewegt und vom Raureif überzogen, den Betrachter in ihren Bann ziehen.

Für viele Pflanzenfreunde ist der Herbst der eigentliche Höhepunkt des Gartenjahres – das gilt natürlich nicht nur für die vielen Farben, sondern auch für die Ernte, die uns für unsere Mühen belohnt. Das beruhigende Gefühl, genügend Bohnen, Kürbisse und Kraut im Keller oder in der Gefriertruhe aufbewahrt zu haben, können nur leidenschaftliche Gärtner wirklich nachvollziehen.

Die Wintermonate bescheren uns Gärtnern ein wenig Ruhe. Doch der Blick nach draußen in den schlafenden Garten oder ein kleiner Spaziergang lohnen sich auch zu dieser Jahreszeit.

Die Rinde einiger Hartriegelarten fällt im farblosen Winter besonders ins Auge, und wer einen Sinn für bizarre Strukturen hat, schätzt die Korkenzieherhasel. Im Winter sind es eher die kleineren Pflanzen, wie die Christrose, über die wir uns ganz besonders freuen. Nur kurze Zeit scheint alles stillzustehen, dann warten schon die Zaubernuss und der Winterjasmin mit gelben, strahlenden Blüten auf.

Gerade im winterlichen Garten kommen Lichteffekte gut zur Geltung. Sehr stimmungsvoll wird es mit großen Windlichtern und Laternen, doch es gibt mittlerweile auch äußerst raffinierte Lichtquellen, die besondere Gartenszenen betonen. Geschickt platzierte und auf den Garten- und Hausstil abgestimmte Gartendekorationen, Kränze, Metallgefäße und bepflanzte Schalen können vor allem Vorgärten sehr einladend aussehen lassen.

Herbst und Winter bergen Ruhe und Kraft in sich, Abschied und Neubeginn – vielleicht ist es gerade das, was uns an diesen beiden Jahreszeiten so fasziniert. Und das Schönste von allem ist ja, dass endlich Zeit zum Träumen vom nächsten Gartenjahr bleibt. Das Planen, Wälzen und Lesen von Katalogen und Gartenbüchern kann man jetzt ganz besonders genießen. Und ganz auf die „faule Haut" können sich Gärtner sowieso nicht legen, denn Gartengeräte müssen gesäubert und ausgebessert, Pflanzen gut eingepackt und Beete abgedeckt werden. Außerdem ist der Winter für viele Gehölze die beste Schnittzeit. An frostfreien Tagen heißt es also: Ärmel hochkrempeln und fachmännisch ans Werk gehen!

Und wem es gar zu langweilig wird, der kann sich an ein Gartenprojekt wagen, zum Beispiel den Bau eines Lagerkellers.

Entgegen der landläufigen Ansicht, Herbst und Winter wären die tristen Zeiten des Jahres, gibt es gerade in diesen Monaten eine Menge zu bewundern und zu entdecken.

# Feuerwerk der Farben und zarten Strukturen

Blütenzauber zu allen Jahreszeiten

Farbenfrohe Vielfalt –
  Zwiebel- und Knollenpflanzen

Prachtvolle Beetpflanzen

Zuverlässige Blüher –
  Herbst im Staudengarten

Blätter, Früchte, Rinde –
  Gehölze und ihre Besonderheiten

Grazile Schönheiten –
  Gräser verzaubern den Herbst

# Blütenzauber zu allen Jahreszeiten

Bei guter Planung können Rabatten und Beete auch im Herbst und Winter Farbakzente setzen und die Blicke auf sich ziehen.

*Dahlien mit ihren vielfältigen Blütenformen und -farben sind typisch für den attraktiven Herbstgarten.*

In großen Gärten kann man nach Herzenslust gestalten und Jahreszeiten-Beete anlegen.

Erlischt die Leuchtkraft der Frühjahrsblüher, wird eine andere Fläche mit Frühsommerblühern zum Blickfang. Dazwischen leuchten Gräser und Immergrüne und sorgen dafür, dass auch abgeblühte Rabatten nicht ungepflegt wirken. So gibt es immer etwas Neues zu sehen und Blüten in verschiedenen Farben, harmonisch aufeinander abgestimmt oder kontrastreich leuchtend, sind an verschiedenen Stellen des Gartens zu bewundern.

## Die richtige Planung

Häufig bieten unsere Gärten jedoch nicht so viel Platz, sodass ein oder zwei Beete das ganze Jahresspektrum in sich vereinen sollen. Es bedarf einer guten Planung, Farben der Blüten und Blätter so aufeinander abzustimmen, dass es zu jeder Zeit etwas zu sehen gibt.

Dabei müssen außerdem die Größe der Pflanzen bedacht werden, ihre Neigung sich auszubreiten und ihre Eignung für trockene, sonnige, schattige und/oder feuchte Böden. Wenn Sie ein Beet neu anlegen wollen, eignet sich der Winter für die Planung besonders gut. Dann ist meistens genügend Zeit, den eigenen Vorstellungen freien Lauf zu lassen und in Ruhe Gartenkataloge und Gartenbücher zu wälzen.

Haben Sie dennoch Zweifel an Ihren planerischen Fähigkeiten, fragen Sie in Ihrer Gärtnerei nach einer Beratung.

## Die richtige Auswahl

Für ein Beet, das vor allem im Herbst seine volle Attraktivität entfalten

### Was alles falsch gemacht werden kann

- *Zu hohe Pflanzdichte:* Informieren Sie sich vor dem Kauf über den Ausbreitungsdrang der gewünschten Arten und Sorten. Der zunächst freie Platz wird schnell zugewachsen sein, setzen Sie aber zu dicht, müssen Sie nach einigen Jahren Pflanzen entfernen, die sich gegenseitig im Wachstum behindern.

- *Pflanzenhöhe nicht berücksichtigt:* Die Wirkung eines Beetes oder einer Rabatte kann sich nur dann entfalten, wenn die spätere Höhe der einzelnen Exemplare bedacht wird. Pflanzen Sie nie große Sorten in den Vordergrund, sie sollten besser im Hintergrund bleiben, wo sie trotzdem gesehen werden. Außerdem wirkt es schön, wenn die Höhen ein wenig variieren und Schwung in die gesamte Pflanzung bringen. Auch einzeln gesetzte, höhere Arten, beispielsweise Kugellauch, verleihen einem Beet eine besondere Leichtigkeit, wenn die großen Kugeln auf schmalen Stielen herausragen.

- *Unschöner Stilmix:* Bleiben Sie bei einer Stilrichtung! Es wirkt überladen und unpassend, wenn Elemente zum Beispiel aus dem japanischen Gartenstil, aus Cottagegärten und modernen Gärten gemixt werden.

- *Zu viele Arten und Sorten:* Eine Fläche wirkt optisch kleiner, wenn zu viele verschiedene Pflanzen nebeneinander platziert werden. Auch auf kleinen Flächen sollte man mindestens drei oder fünf (immer ungerade Zahlen!) von einer Art und Sorte zusammenpflanzen. Ausnahme bilden Gehölze und Solitärgewächse, die auch einzeln ihre Wirkung entfalten.

- *Der falsche Platz:* Manche Arten mögen Sonne, andere bevorzugen Schatten, manche lieben humosen Boden, andere gedeihen besser unter kargen Bedingungen. Finden die Pflanzen keine optimalen Bedingungen vor, werden sie nie zu ihrer wirklichen Schönheit finden. Sie kümmern, werden krank und sterben möglicherweise sogar ab.

| Das herbstliche Beet | | | | |
|---|---|---|---|---|
| Art/Sorte | Höhe | Blütenfarbe | Ansprüche | Besonderheiten |
| Roter Fächerahorn *Acer palmatum* 'Atropurpureum' | 3–4 m | rot | tiefgründiger, durchlässiger Boden, feucht, aber nicht nass | intensive rötliche Herbstfärbung, filigranes Laub |
| Kissenaster *Aster dumosus* | 40 cm | weiß, violett, rosa | lehmig-sandiger Boden, nährstoffreich, frisch bis feucht | eignet sich gut zur Einfassung von Rabatten |
| Sonnenhut *Rudbeckia fulgida* var. *sullivantii* 'Goldsturm' | 70 cm | gelb | recht anspruchslos | eignet sich gut für herbstliche Sträuße |
| Hohe Fetthenne *Sedum telephium* 'Herbstfreude' | 50 cm | rötlich | trocken-frischer Boden, mäßig nährstoffreich | sehr trockenheitsverträglich, ist auch ohne Blüten schön anzusehen |
| Herbstflieder *Syringa microphylla* 'Superba' | 120 cm | rosa | anspruchslos | blüht auch im Frühling, duftet intensiv |
| Heidekraut *Calluna vulgaris* 'Susanne' | 30 cm | rosa | saurer Boden, mäßig trocken bis frisch | darf nicht gedüngt werden |
| Herbststeinbrech *Saxifraga cortusifolia* var. *fortunei* | 30 cm | weiß | durchlässiger, frischer bis feuchter Boden, Halbschatten bis Schatten | belebt schattige Stellen |
| Bartblume *Caryopteris clandonensis* 'Grand Bleu' | 80–100 cm | blau-violett | mäßig trockener, durchlässiger Boden | Blüte: von August bis Oktober, gut als Solitär geeignet |
| Herbstanemone *Anemone japonica* 'Pamina' | 60–80 cm | rosa | nährstoffreicher, frischer Boden, nicht zu trocken | wirkt gut in Gruppen |
| Grönlandmargerite *Arcanthemum arcticum* 'Roseum' | 20–30 cm | hellrosa | trockener Boden | für Steingärten gut geeignet |

*Heidekraut, Gaultherien, Astern und Lampionblumen, ebenso wie die Fetthenne, enthalten das komplette Orange- und Rotspektrum.*

soll, gibt es eine Menge geeigneter Pflanzen. Als ganzjährige Strukturbildner eignen sich, je nach Größe des Beetes, kleine bis mittelhohe Sträucher und verschiedene Gräser. Dazwischen lassen sich gut frühblühende Zwiebelpflanzen wie Tulpen und Traubenhyazinthen platzieren, die wieder einziehen und von den Herbstblühern nach und nach überdeckt werden. Wer an den Herbst denkt, dem kommen wohl vor allem Dahlien, aber auch Herbstzeitlose und Herbstkrokusse in den Sinn. Darüber hinaus gibt es aber noch zahlreiche andere Pflanzen, die die dritte Jahreszeit zum Farberlebnis werden lassen.

In gemischten Beeten, in denen es das ganze Jahr über blühen soll, sind die folgenden Dauerblüher immer sehr willkommen:

- Eine besonders dankbare Pflanze ist vor allen anderen der Steppensalbei. Die horstig wachsende Staude blüht von Mai bis in den Oktober hinein und passt gut zu Rosen, Schafgarbe, Bartblume und Fetthenne.

- Vom Mai bis zum ersten Frosteinbruch blüht der Goldzweizahn. Empfehlenswert ist hier vor allem die verbreitete Sorte 'Goldmarie'.

- Im November ist die Hauptblühzeit der Spornblume, die aber viele Wochen zuvor auch schon Blüten entwickelt.

# Farbenfrohe Vielfalt – Zwiebel- und Knollenpflanzen

**Zwiebel- und Knollenpflanzen bringen selbst schwierige Standorte zum Blühen.**

Viele Menschen verbinden mit Zwiebelpflanzen den Frühling: Tulpen, Narzissen und Hyazinthen blühen in den verschiedensten Farben als Erste im Jahr.

Doch es gibt auch eine ganze Reihe von herbstblühenden Pflanzen mit Zwiebeln oder Knollen. Mit zunehmender Klimaerwärmung auch bei uns und teilweise extremen Witterungsverhältnissen könnten sie sogar zu den bevorzugten Zierpflanzen werden, denn sie trotzen auch schwierigen Bedingungen. Die Zwiebeln und Knollen bleiben in unwirtlichen Zeiten in Ruhe; sobald die Witterung aber günstig ist, durchlaufen sie innerhalb weniger Wochen den gesamten Wachstumszyklus, füllen dabei ihre unterirdischen Speicherorgane mit Stärke und ziehen sich ins Erdreich zurück, bis der Kreislauf von Neuem beginnen kann.

## Dahlien

Kaum eine andere Pflanze zeichnet sich durch solch ein großes Farbspektrum aus wie die Dahlie. Aber nicht nur in Bezug auf die Blütenfarbe, sondern auch in Bezug auf die Wuchshöhe ist die Dahlie sehr vielfältig. Die kleinsten Arten werden nur bis zu 50 cm hoch, während größere Züchtungen eine Höhe von 180 cm erreichen können. Mit etwa 3 m am höchsten wird wohl die eher selten gewordene Sorte 'Kalinka'.

### Pflanzung und Pflege

Die Wurzelknollen sind im Laufe der Evolution aus einfachen Wurzeln entstanden. Es sind dickfleischige Speicherorgane, mit deren Hilfe die Pflanzen auch widrigste Umweltbedingungen überstehen können. Sie werden im Frühjahr nach den letzten Nachtfrösten, also von April bis Mai, gepflanzt. Einer Faustregel nach sollte das Pflanzloch einen dreiviertel Spatenstich tief sein. Je nach Größe der Knollen ist entscheidend, dass die Austriebsstellen 5 bis 7 cm mit Erde bedeckt sein müssen.

Dahlien bevorzugen einen sonnigen Standort und einen leicht feuchten Boden. Sie können mehrere Jahre hintereinander an denselben Platz kommen, denn im Gegensatz zu anderen Pflanzen tritt bei ihnen kaum eine Bodenmüdigkeit auf. Wichtig ist allerdings das regelmäßige Hacken zwischen den Pflanzen. Dadurch bekommen die Knollen ausreichend Luft und ein Verkarsten des Bodens wird vermieden. Um die Blühfreudigkeit zu fördern, sollten Sie regelmäßig Verblühtes ausputzen. Wer es nicht so weit kommen lassen will, schneidet sich gern und häufig neue Sträuße, denn Dahlien halten in der Vase recht lange. Auch die Samenkapseln sollte man abschneiden. Auf diese Weise bleiben die Dahlien kräftig und bieten bis in den späten Herbst einen wunderschönen Anblick.

Es lohnt sich aber auch ein Experiment, das in letzter Zeit immer häufiger empfohlen wird: Einige Samenkapseln nimmt man im abgeblühten Zustand ab und legt sie zum Trocknen an einen warmen Platz. Nach einigen Tagen kann man die feinen länglichen Samen herauspulen und im dunklen Glas kühl und trocken aufbewahren. Im März in Kistchen ausgesät, entwickeln sie sich gut und blühen früher als ihre Schwestern aus dem Winterquartier. Außerdem ist die Samenvermehrung eine spannende Sache, denn im Gegensatz zur vegetativen Vermehrung durch Teilung kommen hier ganz neue unerwartete Kreuzungen zustande. Lassen Sie sich überraschen!

*Dahlien gibt es in den verschiedensten Farben, Größen und Blütenformen.*

*Dahlie 'Lambada'*

*Dahlie 'Bishop of Landaff'*

*Dahlie 'Stefanie Hertel'*

### Tipp

Hohe Sorten mit großen Blütenköpfen neigen dazu, leicht umzukippen oder sogar abzubrechen. Sie können das vermeiden, indem Sie die Dahlien anbinden. Hierzu eignen sich ganz einfache, feste Holz- oder Metallstäbe, mittlerweile gibt es allerdings auch viele verschiedene sogenannte Staudenhalter, die natürlich auch bei Knollenpflanzen ihren Dienst tun.

**Einteilung der Kulturdahlien**

Die Formenvielfalt der Dahlienblüten ist enorm. Experten haben sich deshalb zu einer international gültigen (gärtnerischen) Einteilung in zehn Klassen entschieden, die als Unterscheidungsmerkmale auch in den meisten Ländern allgemein anerkannt werden:

*Dahlie 'Phantom'*

*Dahlie 'Fascination'*

| *Empfehlenswerte Sorten aus den verschiedenen Klassen* ||
|---|---|
| *Anemonenblütige Dahlien* | 'Lambada'; Höhe: 70 cm, Blüte: weiß, innen gelb<br>'Phantom'; Höhe: 60 cm, Blüte: rot |
| *Einfach blühende Dahlien* | 'Bishop of Landaff'; Höhe: 70 cm, Blüte: orangerot<br>'Fascination'; Höhe: 50 cm, Blüte: rosa |
| *Halskrausendahlie* | 'Stefanie Hertel'; Höhe: 70 cm, Blüte: rot, innen weiß<br>'Stelik'; Höhe: 60 cm, Blüte: orangegelb |
| *Balldahlien* | 'Sunny Boy'; Höhe: 80 cm, Blüte: gelb mit roter Mitte<br>'Fatima'; Höhe: 70 cm, Blüte: pink |
| *Pompondahlien* | 'Franz Kafka'; Höhe: 70 cm, Blüte: violett<br>'Buttercup'; Höhe: 50 cm, Blüte: zartgelb |
| *Kaktusdahlien* | 'Frigoulet'; Höhe: 100 cm, Blüte: rot mit weißen Spitzen<br>'Promise'; Höhe: 100 cm, Blüte: zitronengelb |
| *Semikaktusdahlien* | 'Heidehof'; Höhe: 100 cm, Blüte: rosa-pink<br>'Egelborg'; Höhe: 80 cm, Blüte: rot |
| *Dekorative Dahlien* | 'Fleur'; Höhe: 90 cm, Blüte: weiß<br>'Rothesay Reveller'; Höhe: 80 cm, Blüte: dunkelrot mit weißen Spitzen |
| *Diverse Dahlien* | 'Ele'; Höhe: 30 cm, Blüte: gelb<br>'Bonne Luise'; Höhe: 40 cm, Blüte: weiß mit violett |
| *Seerosenblütige Dahlien* | 'Angelika'; Höhe 130 cm, Blüte: weißer Grund und violette Spitzen<br>'Porcelain'; Höhe: 120 cm, Blüte: weiß mit einem Hauch violett |

## Farbenfrohe Vielfalt – Zwiebel- und Knollenpflanzen

> **Tipp**
>
> Geben Sie in das Pflanzloch eine Handvoll Hornspäne als Starthilfe. Die Stützstäbe sollten noch vor dem Pflanzen eingeschlagen werden, um spätere Verletzungen an den Knollen zu vermeiden.

*Dahlie 'Bonne Louise'*

*Dahlie 'Franz Kafka'*

*Dahlie 'Ele'*

*Dahlie 'Heidehof'*

*Dahlie 'Fleur'*

*Dahlie 'Sunny Boy'*

*Dahlie 'Frigoulet'*

## Gladiolen

Von Juni bis in den September hinein blühen die Großblütigen oder Edelgladiolen, die man häufig auch auf großen Feldern zum Selbstschneiden antreffen kann.

Die Knollenpflanzen entwickeln wunderschöne und lange haltbare, ährenförmige Blütenstände in verschiedenen Farben. Die auch als Siegwurz bekannte Knollenpflanze benötigt im Garten einen freien sonnigen Platz, um intensiv blühen zu können. Der Boden sollte tiefgründig und nicht zu trocken sein. Im Herbst werden die Knollen, wie bei den Dahlien, ausgegraben und frostfrei überwintert. Neben den Edelgladiolen gibt es noch Butterfly- und Baby-Gladiolen, die allerdings bereits im Sommer bis Spätsommer blühen.

### Tipp

Edelgladiolen erreichen eine Höhe von 100 bis 120 cm und sollten durch Stützen vor Windbruch bewahrt werden.

*Mit prunkvollen Blütenständen machen Edelgladiolen ihrem Namen alle Ehre.*

*Es gibt auch zweifarbige Blüten.*

## Alpenveilchen

Für das herbstliche Beet interessant ist das Herbst-Alpenveilchen, *Cyclamen hederifolium*, das von September bis Oktober entzückende weiße oder rosafarbene Blüten hervorbringt. Nachdem das Alpenveilchen einige Zeit als unmodern und altbacken abgestempelt wurde, erlebt es zurzeit wieder eine Renaissance und gilt vor allem mit seinen weißen Blüten als klassische Herbstpflanze mit Stil. Zu diesem Erscheinungsbild tragen auch die schön gezeichneten, an Efeu erinnernden Blätter bei.

Vor allem *Cyclamen hederifolium* verträgt Sonne und Trockenheit. Fühlt es sich einmal an einem Standort wohl, verwildert es gern und bildet herrliche Blütenteppiche.

Die Knollen dieser Herbstpflanze werden beim Pflanzen nur 2 bis 3 cm mit Erde bedeckt und sollten im Winter mit Reisig abgedeckt werden.

> **Tipp**
>
> Wer sich in die zarten Pflanzen verliebt hat, kann sie sich das ganze Jahr über in den Garten holen, denn es gibt viele Arten, die zu völlig verschiedenen Jahreszeiten blühen: *Cyclamen coum* blüht von Februar bis März und *Cyclamen purpurascens* von Juli bis September.

*Herbst-Alpenveilchen fühlen sich an absonnigen Gehölzsäumen wohl.*

## Herbstkrokusse und Herbstzeitlose

Sie sehen sich wirklich sehr ähnlich, diese beiden Herbstblüher, und werden deshalb häufig verwechselt. Man kann die beiden Pflanzen aber sehr gut an ihren Zwiebeln unterscheiden: Die Zwiebel der Herbstzeitlose ist viel größer als die des Krokus. Außerdem zeigt der Herbstkrokus zartere Blüten als die Herbstzeitlose. Dass sie nicht nahe verwandt sind, bestätigen auch ihre botanischen Namen: Die Herbstzeitlose gehört zur Gattung *Colchicum*, während der Herbstkrokus zu *Crocus* gehört. Beide werden aber im August – spätestens Mitte September – gepflanzt und blühen dann noch im selben Herbst.

*Herbstzeitlose blühen von September bis in den Oktober hinein.*

| Colchicum-Arten und -Hybriden ||
|---|---|
| **Arten** | *Gartenformen* |
| *Colchicum autumnale* | 'Album': weiße Herbstzeitlose; Höhe: 10 cm, Blüte: September bis Oktober<br>'Alboplenum': weiße Herbstzeitlose mit gefüllten Blüten; Höhe: 10 cm, Blüte: September bis Oktober<br>'Minor': kleine Herbstzeitlose mit leuchtenden lila Blüten; Höhe: 10 cm, Blüte: September bis Oktober<br>'Waterlily': große Herbstzeitlose mit dicht gefüllten, strahligen Blüten; Höhe: 15 cm, Blüte: September bis Oktober |
| *Colchicum giganteum* | großblumige Art mit hellvioletten Blüten; Höhe: 20–25 cm, Blüte: September bis Oktober |
| *Colchicum speciosum* var. *bornmuelleri* | früheste Art der großblütigen Herbstzeitlosen mit malvenfarbenen Blüten; Höhe: 15 cm, Blüte: September |
| *Colchicum*-Hybriden | Höhe: 15–20 cm, Blüte: September bis Oktober<br>'Autumn Herald': purpurlila Blüte, duftend<br>'Autumn Queen': rosa-violette Blüte mit weißem Schlund<br>'Lilac Wonder': fliederfarbene Blüte, duftend<br>'Violet Queen': purpurviolette Blüte mit reinweißem Schlund |

**Attraktive Hybridformen der Herbstzeitlose**

So wie Schneeglöckchen in den Vorfrühling und Christrosen in den Winter gehören, passen die schönen Blüten der Herbstzeitlose in den Gartenherbst.

Es gibt verschiedene Wildformen, für den Garten bieten sich in erster Linie aber die aus diesen gezüchteten Hybriden an.

Während die heimische Wildform *Colchicum autumnale* auf feuchten Wiesen wächst, ist bei den Züchtungen der Bedarf an Feuchtigkeit stark abgeschwächt. Ihnen reicht normaler Gartenboden. Am besten ist etwas lehmhaltiger Boden, der aber gut durchlässig und nicht zu trocken sein sollte.

Auch ein wenig Kalk tut den Pflanzen gut, sie gedeihen besser und zeigen sich blühfreudiger.

Die Blütezeit der Herbstzeitlosen beginnt im September und reicht bis weit in den Oktober hinein. Sie blühen blattlos; die Blätter erscheinen erst im Frühjahr.

Die Pflanzen stehen gern im lichten Schatten, vertragen aber auch volle Sonne, wenn der Boden gut durchfeuchtet ist. Die Pflanztiefe liegt je nach Knollengröße zwischen 10 bis 25 cm. Der Pflanzabstand beträgt 30 bis 50 cm.

*Tipp*

Lassen Sie die Blätter zum Einziehen stehen und schneiden Sie nichts ab.

Wie bei vielen Zwiebelpflanzen benötigen die Pflanzen eine gewisse Zeit, um Reservestoffe zu sammeln und zu speichern.

*Der Herbstprachtkrokus wird häufig mit Herbstzeitlosen verwechselt.*

## Herbstkrokusse als späte Farbtupfer im Rasen

Es gibt eine ganze Reihe von *Crocus*-Arten, allerdings blühen nur zwei von ihnen im Herbst: *Crocus sativus*, der Safran-Krokus und *Crocus speciosus*, der auch als Prachtkrokus bekannt ist.

Der heimische Prachtkrokus ist eine wertvolle und anspruchslose Art mit schieferblauen Blüten und dunkler Äderung. Als Sorten sind 'Albus', 'Cassiope' und 'Oxonian' empfehlenswert.

Der Safran-Krokus hat dunkel geäderte, purpurfarbene Blüten und blüht sehr reich. Seine langen roten Staubbeutel werden zur Herstellung des kostbaren Gewürzes verwendet. Sollten Sie Safran selbst ernten wollen, müssen Sie die Blüten mit Stängel ernten und zum Trocknen in die Sonne legen. Das typische Aroma entwickelt sich erst nach dem Trocknen. Als Standort bevorzugen herbstblühende Krokusse sonnige Staudenbeete bis halbschattige Plätze am Gehölzrand. Der Boden sollte frisch und durchlässig sein. Sommerheiße Standorte sind zu vermeiden. Sehr schön kommt der Herbstkrokus im gehölznahen Rasen zur Geltung. Die Zwiebeln sollten tief gepflanzt werden, beim Safran-Krokus 20 cm tief.

*Der Safran-Krokus blüht zwischen Herbstlaub. Gut zu erkennen: die roten Samenfäden.*

# Prachtvolle Beetpflanzen

Beet- und Balkonpflanzen verwandeln den Garten auch im Herbst in ein Blütenmeer.

*Die einjährige Prunkwinde ist ein schnell wachsender Schlinger.*

Ein attraktiver Garten lebt von der Farbe blühender Pflanzen. Und wer die richtige Auswahl trifft, kann sich auch noch bis in den späten Herbst hinein an einem bunt blühenden Garten erfreuen.

Der Gärtner unterscheidet bei den Blühpflanzen, die sich für die Gartengestaltung eignen, zwischen den Balkon- und Beetpflanzen sowie den Stauden. Diese für den Laien oft nicht so leicht nachzuvollziehende Unterteilung sagt lediglich etwas darüber aus, ob es sich bei den Pflanzen um Ein-, Zwei- oder Mehrjährige handelt. Die meisten Balkon- und Beetpflanzen werden in unseren gemäßigten Klimabereichen als Einjährige gezogen, sind in ihrer warmen Heimat aber oft auch mehrjährig. Als Beispiel sei die Lobelie, *Lobelia erinus*, genannt, die auch als Männertreu bekannte und beliebte Balkon- und Beetpflanze, die je nach Klimaregion ein-, zwei- oder mehrjährig ist. Bei uns entfaltet sie im

# Prachtvolle Beetpflanzen

*Besonderheiten im Herbstbeet: Eselsdistel, Salbei und Garten-Fuchsschwanz*

Sommer und Herbst ihre ganze Pracht, stirbt bei den ersten Frösten jedoch ab.

Natürlich kann man Balkonkästen, -kübel und Beete auch mit Stauden bepflanzen. Sie sind allerdings mehrjährig und haben ihren festen Platz auf dem Beet. Das große Plus der Ein- und Zweijährigen ist ihr schnelles Wachstum und die Möglichkeit, mit ihnen jedes Jahr neue Akzente zu setzen, neue Farben ins Spiel zu bringen und auch später im Jahr noch Lücken zu füllen. Das kann gerade im Herbst sehr wichtig sein, wenn die Sommerblüher sich langsam verabschieden.

Die Zweijährigen stammen meist aus den gemäßigten Klimazonen. Zu dieser Gruppe zählen beispielsweise viele Stiefmütterchen und Hornveilchen. Sie werden im Sommer ausgesät, denn sie benötigen eine Kälteperiode zum Gedeihen. Zunächst entwickeln die Pflanzen eine Blattrosette, im nächsten Jahr dann folgt der Blütenstand.

## Beetpflanzen sind sehr anpassungsfähig

Während man bei der Bepflanzung des Gartens mit Stauden stets im Auge haben muss, ob der konkrete Standort auch den Bedürfnissen der Pflanzen gerecht wird, ist die Platzierung von Beetpflanzen recht unproblematisch. Solange sie genug Sonnenlicht bekommen, kann man sie fast überall im Garten aussäen beziehungsweise pflanzen.

Die Bodenbeschaffenheit spielt zwar nur eine untergeordnete Rolle, wichtig ist aber die gleichmäßige Feuchtigkeit im Boden. Im Gegensatz zu den Stauden haben die Beetpflanzen aufgrund ihrer kurzen Lebensdauer häufig ein schwächer ausgeprägtes Wurzelwerk und erreichen nur das in der obersten Bodenschicht gespeicherte Wasser. Vorbeugend hilft es, wenn man den Boden mit Humus anreichert, der länger feucht bleibt. Deckt man die Bereiche zwischen den Pflanzen noch mit Mulchmaterial ab, schützt das nicht nur vor Verdunstung, sondern unterdrückt auch den Unkrautwuchs.

## Buntes Potpourri

Einjährige Herbstblüher gibt es in den verschiedensten Farben, Größen und Strukturen. Die meisten von ihnen beginnen bereits im Sommer zu blühen und hören nicht mehr auf, bis die ersten Fröste der Pracht ein Ende setzen.

### Tipp

Lassen Sie die einjährigen Beetpflanzen wie Kapuzinerkresse und Ringelblume so lange stehen, bis sich Samen gebildet haben. Die Pflanzen säen sich dann auf dem Beet an unterschiedlichen Stellen schon für das nächste Jahr aus. Man kann die abgestorbenen Blüten mit Stängeln aber auch kurz vor dem Platzen der Samenschale abschneiden, an einem luftigen, warmen Ort im Haus oder auf der Terrasse aufhängen und trocknen lassen. Die so nachgetrockneten Samen werden bis zum nächsten Frühjahr aufgehoben und an beliebigen Plätzen im Garten ausgesät. Oder man verschenkt einige der zahlreichen Samen – das schenkt Freude und trägt zur Erhaltung der Artenvielfalt bei!

*Die einjährigen Schmuckkörbchen bereichern den Herbstgarten und lassen sich leicht ziehen.*

## Prachtvolle Beetpflanzen

| Die schönsten Beetpflanzen | | | |
|---|---|---|---|
| Pflanze | Farbe | Blühzeit | Höhe |
| Garten-Löwenmaul<br>*Antirrhinum majus* | weiß, gelb, rosa, rot, mehrfarbig | Juni–Oktober | bis 80 cm |
| Zweizahn<br>*Bidens ferulifolia* | gelb | April–Oktober | bis 50 cm |
| Garten-Ringelblume<br>*Calendula officinalis* | gelb, orange | Juni–Oktober | bis 60 cm |
| Marien-Glockenblume<br>*Campanula medium* | weiß, rosa, blau | Juni–September | bis 80 cm |
| Färber-Mädchenauge<br>*Coreopsis tinctoria* | meist gelb mit brauner Mitte | Juli–September | bis 100 cm |
| Schmuckkörbchen<br>*Cosmos bipinnatus, C. sulphureus* | rosa, rot, weiß, gelb | Juli–Oktober | bis 120 cm |
| Kalifornischer Kappenmohn<br>*Eschscholzia californica* | orange, weiß, gelb | Juni–Oktober | bis 50 cm |
| Garten-Strohblume<br>*Xerochrysum bracteatum* | rot, gelb, orange, weiß, gemustert | Juli–Oktober | bis 100 cm |
| Bechermalve<br>*Lavatera trimestris* | rosa, weiß | Juli–Oktober | bis 120 cm |
| Elfenspiegel<br>*Nemesia strumosa* | gelb, orange, rot, blau, weiß | Juni–Oktober | bis 30 cm |
| Rauer Sonnenhut<br>*Rudbeckia hirta* | gelbe Zungenblüten, braunschwarze Röhrenblüten | Juli–Oktober | bis 100 cm |
| Husarenknopf<br>*Sanvitalia procumbens* | schwarze Röhrenblüten, gelbe Zungenblüten | Juni–Oktober | bis 25 cm |
| Eisenkraut<br>*Verbena bonariensis* | lila | Juli–Oktober | bis 120 cm |
| Zinnie<br>*Zinnia elegans* | gelbe Röhrenblüten, Zungenblüten in unterschiedlichen Farben | Mai–Oktober | bis 70 cm |

## *Majestätische Sonnenblumen*

Van Gogh ist es wohl zu verdanken, dass wir die Sonnenblume mit Frankreich in Verbindung bringen. Er hat den Blick auf das Blütenmeer riesiger Sonnenblumenfelder auf zahlreichen Gemälden festgehalten. Dabei ist die eigentliche Heimat dieses stattlichen Sommerblühers Nordamerika. Mit Sicherheit kann man sagen, dass es sich bei der Sonnenblume um den wichtigsten und populärsten Zierpflanzenimport aus Amerika handelt.

Die Sonnenblume ist eine eher anspruchslose Beetpflanze, braucht jedoch, wie der Name schon verkündet, einen sehr sonnigen Standort. Sie wird im April ausgesät und beginnt im August zu blühen. Die späte Blüte macht die Sonnenblume zu einem echten Highlight im herbstlichen Garten. Bis in den späten September können Sie sich am leuchtenden Gelb der riesigen Blüten erfreuen.

**Breite Züchtungsvielfalt**
Mittlerweile erhält man Sonnenblumen in vielen verschiedenen Sorten, die sich vor allem in der Wuchshöhe unterscheiden – von groß und schlank bis klein und buschig. Während sich die hoch wachsenden Arten, die bis zu 3 m erreichen können, gut als Hintergrundbepflanzung eignen, können Sie niedriger und meist auch etwas buschiger wachsende Sorten weiter vorn im Beet platzieren. Die kleinsten Sonnenblumen sind auch als Topfpflanzen geeignet. Zu den beliebtesten niedrigen Arten gehören

*Sonnenblumen wenden sich stets der Sonne zu.*

*Kleinere Sorten gibt es auch für Kübel und Kästen.*

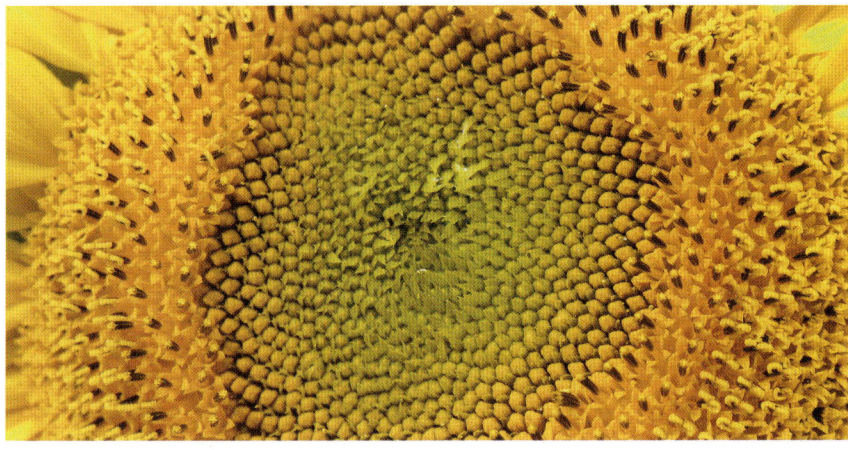
*Die Röhrenblüten liefern die Samen.*

### Sonnenblumen in allen Größen

- **Hohe Sorten, 200 bis 300 cm:**
  'Abendsonne', 'Giganteus', 'Goldener Neger', 'Herbstschönheit'

- **Halbhohe Sorten, 100 bis 150 cm:**
  'Hallo', 'Hohe Sonnengold', 'Sonja', 'Floristan'

- **Niedrige Sorten, etwa 80 cm:**
  'Musicbox'

- **Zwergsorten, 35 bis 40 cm:**
  'Big Smile', 'Pacino', 'Sunspot', 'Teddybär'

beispielsweise 'Teddybär' (auch: 'Dwarf Sungold') und 'Sunspot', die beide etwa 40 cm hoch werden.

Auch in der Blütenform unterscheiden sich die einzelnen Züchtungen. Gerade bei den niedriger wachsenden Arten dominieren die Blütenblätter. Der Fruchtstand in der Mitte ist dagegen nicht so stark ausgeprägt. Gemeinsam ist allen Sorten jedoch die leuchtend gelbe Farbe, wobei das Gelb bei einigen Züchtungen in ein warmes Rot oder Rotbraun übergeht.

*Kleinköpfige Stauden-Sonnenblumen werden bis zu 2 m hoch.*

# Prachtvolle Beetpflanzen | 31

*Sonnenblumen haben Zungen- und Röhrenblüten.*

*Die verschiedenen Sorten entwickeln unterschiedliche Gelbnuancen.*

### Ein gedeckter Tisch für Singvögel

Die Sonnenblume ist nicht nur eine Zier-, sondern auch eine wichtige Nutzpflanze. Aus den Samen wird in erster Linie Speiseöl gewonnen. Und auch so mancher geflügelte Gartenbesucher freut sich daran. Wer Sonnenblumen anpflanzt, profitiert nicht nur von dem herrlichen Anblick, sondern bietet damit auch unseren heimischen Singvögeln wertvolle Nahrung an. Sind die Pflanzen verblüht, haben die Samen die nötige Reife erreicht. Die Sonnenblume ist also auch über ihr Blütestadium hinaus eine attraktive und anbauwürdige Gartenpflanze.

> **Tipp**
>
> In der Gattung Helianthus, zu der die einjährige Sonnenblume, *Helianthus annuus*, zählt gibt es auch staudige Arten, wie zum Beispiel *Helianthus atrorubens* oder *Helianthus decapetalus*. Wem die Zeit fehlt, jedes Jahr neue Sonnenblumen auszusäen, kann sich damit dauerhaften Herbstschmuck in den Garten holen.

## Einjähriger Sonnenhut

Kaum eine andere Einjährige ist so vielseitig einsetzbar, gut zu kultivieren und leicht zu vermehren. Der Einjährige oder Raue Sonnenhut, *Rudbeckia hirta*, hat ganz ähnliche Eigenschaft wie die nahe verwandte Staude, *Rudbeckia fulgida*, mit dem gleichlautenden Namen Sonnenhut. Sie blüht ebenfalls gelb, wobei die Sorte 'Prairie Sun' mit zitronengelben Blüten und grünem Kopf aufwartet. Ab Mai kann man die Einjährige direkt ins Freiland säen, als Lückenfüller im Staudenbeet, auf neu angepflanzten Sommerbeeten oder als Solitärpflanze. Sie blüht von Juni bis in den Oktober hinein breitbuschig und aufrecht bis 70 cm hoch. Sträuße und herbstliche Gestecke lassen sich mit dieser Blume gestalten, die durch ihre kräftige Farbe einen Hauch von Sommer hinterlässt.

*Schmetterlinge lieben den Nektar der leuchtenden Sonnenhutblüten.*

Prachtvolle Beetpflanzen | 33

*Zinnien werden meist mit prächtigen, farbkräftigen Pomponblüten angeboten.*

## Zinnien

Aus dem tropischen Amerika und aus Mexiko stammen die bei uns so beliebten Zinnien, die von Mai bis in den Oktober hinein die unterschiedlichsten Beete aufwerten und besonders als Rabattenpflanze überzeugen. Die Röhrenblüten der *Zinnia elegans* sind gelb, die Zungenblüten leuchten jedoch in den verschiedensten Farben, wobei die Blüte einfach oder gefüllt sein kann. Außer durchlässige Böden haben Zinnien keine besonderen Ansprüche, allerdings werden sie gern von Schnecken und Blattläusen heimgesucht. Weniger bekannt, aber sicher ebenso dankbar ist die Schmalblättrige Zinnie, *Zinnia angustifolia*. Sie ist im Wuchs etwas zierlicher, die Blätter sind schmal lanzettlich. Beiden gemeinsam ist allerdings ihre sehr gute Schnittverträglichkeit für schöne und lange haltbare Sträuße, die die Dauerblüher zu einem Muss in jedem Blütengarten machen.

# Zuverlässige Blüher – Herbst im Staudengarten

**Im Herbst zeigen sich Staudengärten in ihrer ganzen Vielfalt und Schönheit.**

Planen Sie den Garten so, dass Sie die Schönheit des Herbstes im Garten voll auskosten können. Vor allem die Staudenbeete sollten deshalb gestaffelte Blühzeiten aufweisen. Wenn sich die Pflanzen im Spätsommer und Herbst gelb, rötlich oder silbrig verfärben und die späten Stauden mit ihren kräftigen Tönen aufblühen – dann zeigt die Natur noch einmal alles, was sie zu bieten hat.

Neben den Beet- und Balkonpflanzen sind es die Stauden, die unsere Gärten bis in den späten Herbst in ein buntes Blütenmeer verwandeln können. Typisch für Staudenpflanzen ist ihre Mehrjährigkeit. Die Pflanzen sterben im Winter nicht ab, sondern ziehen sich bis auf wenige standhafte Triebe in den Boden zurück, um im kommenden Jahr wieder neu auszutreiben.

*In den Hintergrund werden höhere Stauden gesetzt, nach vorn kommen die niedrigeren – so entsteht eine räumliche Wirkung.*

# Zuverlässige Blüher – Herbst im Staudengarten

Für jeden Standort, egal ob sonnig, schattig oder halbschattig, trocken oder feucht, mit niedrigem, neutralem oder hohem pH-Wert, gibt es besondere Stauden, die im Frühling, Sommer und auch im Herbst blühen.

## Den Staudengarten richtig planen

Beim Anlegen eines Staudengartens empfiehlt es sich, die Auswahl der Gewächse so zu treffen, dass der Blütenzauber nicht mit den letzten Sommertagen vorbei ist. Viele Stauden entfalten erst im Herbst ihre ganze Schönheit und machen dann den Aufenthalt im Garten an den letzten warmen Tagen des Jahres zu einem besonderen Erlebnis.

Viele Züchtungen sind gut für Beete und Rabatten mit nährstoffreichem Boden geeignet. Damit die Pflanzen gut gedeihen, muss der Boden lediglich von Zeit zu Zeit mit der Hacke aufgelockert und regelmäßig gewässert werden. Gut tut den Stauden auch eine Mulchschicht, die den Boden bedeckt, vor übermäßiger Verdunstung und Austrocknung schützt und Unkräuter unterdrückt.

*Empfindliche Stauden, wie der Bartfaden, werden einjährig gezogen und benötigen einen sehr guten Winterschutz.*

> **Tipp**
>
> Obwohl die meisten Stauden sehr robust sind, sollten Sie beim Kauf darauf achten, dass Sie die Bedürfnisse der Pflanzen und den geplanten Standort aufeinander abstimmen.

Viele Wildstauden bevorzugen dagegen einen offenen, sonnigen Standort mit saurem Boden, der keiner besonderen Pflege bedarf. Einige Stauden sind aufgrund ihrer natürlichen Herkunft sogar an extrem nährstoffarme und felsige Gegebenheiten angepasst. Diese Exemplare fühlen sich in einem Steingarten wohl.

Darüber hinaus gibt es Arten, die am besten im Schutz von Bäumen oder am Rand eines Gewässers gedeihen.

Da es in den meisten Gärten unterschiedliche Standorte gibt, kann man mit einer guten Planung rund um das Haus eine große Vielfalt an Staudenpflanzen ansiedeln.

## Herbststauden für jeden Gartenbereich

| Art/Sorte | Blühzeit | Licht | Boden |
|---|---|---|---|
| Sonnenhut<br>*Rudbeckia fulgida* | Juli–Oktober | sonnig | anspruchslos, gern nährstoffreich, frisch bis feucht |
| Kissenaster<br>*Aster dumosus* | September–Oktober | sonnig | lehmig-sandig, nährstoffreich |
| Blut-Storchschnabel<br>*Geranium sanguineum* | Mai–September | sonnig | durchlässig, trocken bis frisch |
| Hohe Fetthenne<br>*Sedum telephium* | September–Oktober | sonnig | lehmig-sandig bis lehmig, mäßig nährstoffreich |
| Waldaster<br>*Aster divaricatus* | August–September | halbschattig | lehmig-sandig, frisch |
| Herbstanemone<br>*Anemone japonica* | August–Oktober | halbschattig | frisch bis feucht, nährstoffreich |
| Herbsteisenhut<br>*Aconitum carmichaelii* | September–Oktober | halbschattig | frisch bis feucht, nährstoffreich |
| Herbststeinbrech<br>*Saxifraga cortusifolia* var. *fortunei* | September–Oktober | halbschattig | durchlässig, mäßig nährstoffreich |
| Wachsglocke<br>*Kirengeshoma palmata* | August–September | schattig | durchlässig, humos |

**Stauden kaufen und pflanzen**
Staudenpflanzen werden meist in Kunststofftöpfen angeboten, sodass sie eigentlich das ganze Jahr über ausgepflanzt werden können.

Sinnvoll ist es jedoch, sie im Herbst oder im Frühjahr zu kaufen und zu pflanzen. In diesen Jahreszeiten ist der Boden ausreichend feucht. Beste Bedingungen also, dass die Pflanzen die erste Zeit in Ihrem Garten problemlos überstehen.

Im Sommer gepflanzte Arten und Sorten werden dagegen leicht von Krankheiten und Schädlingen befallen, weil der Stress des Auspflanzens vor allem in großer Hitze die Pflanzen schwächt.

### Tipp

Im Idealfall pflanzt man die Stauden direkt nach dem Kauf ein. Ist dies nicht möglich, sollte man sie an einem wind- und sonnengeschützten Platz unterbringen und gießen.

## Zuverlässige Blüher – Herbst im Staudengarten 37

*Fetthennen, Garten-Fuchsschwanz und Astern harmonieren farblich gut.*

*Prächtiger Sonnenhut blüht noch im Oktober.*

*Kleinwüchsiger Sonnenhut*

## Sonnenhut

Sonnenhüte sind Asterngewächse und zählen zu den attraktivsten Spätsommer- und Herbstblühern. Die leuchtend gelben Strahlenblüten kommen je nach Art im Juli oder August zum Vorschein und zieren den Garten bis September oder Oktober. Der buschige, etwa 60 cm hohe Wuchs macht den Sonnenhut auch als Kübelpflanze für die Terrasse attraktiv.

Der ursprünglich in Nordamerika beheimatete Sonnenhut ist eine recht anspruchslose Staude, die nicht viel Pflege benötigt. Was er allerdings gar nicht liebt, ist Trockenheit. Der Standort sollte sonnig und nährstoffreich sein. Geht die Blühphase des Sonnenhuts im Spätherbst zu Ende, empfiehlt es sich übrigens, die verblühten Fruchtstände nicht zurückzuschneiden, sondern stehen zu lassen. Sie zieren den Garten dann den ganzen Winter über – und sehen mit Raureif überzogen äußerst dekorativ aus.

Bedeutung hat vor allem *Rudbeckia fulgida* var. *sullivantii* 'Goldsturm', eine schwarzäugige Schönheit, die ihre Schwestern in vielerlei Hinsicht übertrumpft. Daneben machen auch der Geschlitzblättrige Sonnenhut, *R. laciniata*, und der Fallschirm-Sonnenhut, *R. nitida*, von sich reden. Beide Arten werden über 1 m hoch und bevorzugen feuchte Plätze in voller Sonne, sind ansonsten aber pflegeleicht.

### Roter Sonnenhut

Zu einer anderen Gattung gehörend, aber mindestens ebenso beliebt ist der Rote Sonnenhut, *Echinacea purpurea*. Der Name ist Programm und wahrscheinlich ist die Staude deshalb aus keinem Garten mehr wegzudenken, weil die rote Farbe ihrer Strahlenblüten so selten anzutreffen ist. Allerdings gibt es auch eine weiße Sorte mit Namen 'Alba' sowie eine großblumige Sorte ('Magnus') in Karminrosa.

## Astern und Chrysanthemen

Zunächst sei eines vorausgeschickt: Astern und Chrysanthemen sind sich sehr ähnlich und werden häufig verwechselt. Manchmal werden Chrysanthemen auch als Winterastern bezeichnet, was sie aber keinesfalls sind.

Wird man nach einer typischen Herbstblume gefragt, kommt einem meist zuerst die Aster in den Sinn. Ihre Blütezeit beginnt allmählich im August, im September bis Oktober

### Ähnlich und doch verschieden

- Asternstauden werden in weniger Farben angeboten als Chrysanthemen. Es dominieren Blau, Pink, Lila, Rosa, Weiß und Rot. Bei Chrysanthemen fehlen zwar die Blautöne, dafür gibt es aber Gelb und Orange in allen Nuancen.

- Bei Astern sind die Blüten meist ungefüllt, die der Chrysanthemen sind überwiegend gefüllt.

- Astern sind immer frosthart. Bei Chrysanthemen gibt es auch Freilandsorten und in vielen Gartencentern werden auch frostharte Exemplare angepriesen, diese halten aber nicht, was versprochen wird.

*Astern entwickeln unzählige Blüten. Das Laub ist dann fast nicht mehr zu sehen.*

bringt die Hauptblüte ein wahres Meer an kleinen Einzelblüten hervor. Für den Herbstgarten lohnt es sich, Sorten nach ihren unterschiedlichen Blühhöhepunkten zu pflanzen, um so die bunte Herbstzeit zu verlängern. Früh blühen die Kissenaster, *Aster dumosus*, und die Zwergaster, *Aster amelus*. Dann folgt die Raublattaster, *Aster novae-angliae*, begleitet von der Glattblattaster, *Aster novae-belgii*. Erika-Astern, *Aster ericoides*, blühen bis in den November hinein.

### Ansprüche

Alle Arten lieben einen nährstoffreichen, humosen Boden und reichlich Sonne. Da die meisten Asternarten aus Nordamerika stammen, kommen sie auch mit unserem Klima gut zurecht, sind aber aus ihrer Heimat etwas feuchtere Sommer gewöhnt. Die trockenere Luft hierzulande führt dazu, dass das Laub der Pflanzen in den Spätsommermonaten austrocknet, was aber der Attraktivität des Blütenstands keinen Abbruch tut. Allerdings ist das trockene Laub empfindlich und anfällig für Mehltau.

Zu den beliebtesten Sommerastern zählt die Bergaster, die einen leicht

### Tipp zur Pflege

Ist die Blütezeit der Astern vorbei, sollten Sie etwas Kompost an die Stauden geben. So werden auch im kommenden Jahr ein kräftiger Wuchs und eine üppige Blütenpracht gesichert.

# Zuverlässige Blüher – Herbst im Staudengarten

kalkhaltigen Boden bevorzugt. Ein Blickfang für jedes Staudenbeet ist aber auch die aus dem Südosten der USA stammende Kornblumenaster, die, wie der Name schon sagt, vor allem durch ihre kornblumenblaue Blütenfärbung besticht. Die im Handel angebotenen Schnittastern sind übrigens keine Stauden, sondern Einjährige.

### Besonders beliebt

Eine beliebte Herbstasternart ist die Kissenaster, die sich durch einen niedrigen Wuchs auszeichnet und sich schnell und kissenartig ausbreitet. Besonders gut macht sie sich im Randbereich von Beeten oder als Einfassung. Auch für den Steingarten ist sie geeignet.

Und nicht nur für Schalen und Kübel auf der Terrasse ist die Kissenaster eine gute Wahl. Die niedrige Art lässt sich hervorragend mit anderen, höher wachsenden Asternarten kombinieren, wie beispielsweise der Raublattaster. Achten Sie bei der Beetgestaltung jedoch stets darauf, dass Sie die höher wachsenden Pflanzen weiter nach hinten setzen, damit sie die kleineren nicht verdecken. Einige Raublattastern können zu bis zu 180 cm hohen Stauden heranwachsen, denen Sie mithilfe ins Beet eingesteckter Pfähle Halt geben können. Auch die Glattblattaster ist hochwachsend. Wuchert sie zu stark, kann man sie gegen Ende Juni etwas zurück-

*Bei Astern dominiert die Farbe Lila – so üppig wuchernd schmücken sie jeden Garten.*

*Die Kornblumenaster liebt einen warmen, vollsonnigen Platz.*

lohnt es sich, spezielle Sorten beim Staudengärtner zu erwerben. Wirklich frostharte Chrysanthemen:

- 'Herbstkuss': einfach blühend in leuchtendem Weinrot; Höhe: 40 bis 50 cm

- 'Brockenfeuer': gefüllt blühend in dunklem Zinnoberrot; Höhe: 40 bis 50 cm

- 'Für Elise': halb gefüllt blühend in einem Gelbton; Höhe: 40 bis 50 cm

*Chrysanthemenmischungen in zarten Pastelltönen passen in nostalgische Gärten.*

schneiden. Später sollte man aber keinen Rückschnitt mehr ansetzen, da sich das negativ auf die Blüte auswirken kann.

**Traditionsreiche Blume**
Die botanische Einordnung verschiedener Chrysanthemenarten ist nicht nur für Laien äußerst schwierig. Für den Hobbygärtner ist allerdings auch nur eine Gruppe wichtig: die Gartenchrysanthemen, die heute unter *Chrysanthemum grandiflorum* zusammengefasst werden. Es gibt sie großblumig, kleinblumig, einfach, gefüllt, ballförmig, strahlenförmig oder pomponartig, und während bei Astern altbewährte Arten und Sorten im Hausgarten ihren festen Platz haben, gibt es bei den Chrysanthemen jährlich Neuerscheinungen.

Da die in Gartencentern angebotenen Sorten meist nicht frosthart sind,

## Fetthennen

Die zur Gattung *Sedum* zählenden Fetthennen, allen voran *Sedum telephium* 'Herbstfreude', sind weitere dankbare Herbstblüher. Die Sorte 'Herbstfreude' wird etwa 50 cm hoch und blüht von September bis Oktober in dichten Doldenrispen rostrot. Sie wächst horstig und ihre Triebe sind dicht beblättert, sodass sie auch zu allen anderen Jahreszeiten eine gute Figur abgibt. Da sie mageren Boden bevorzugt, ist diese Fetthenne, ebenso wie die meisten anderen Vertreter ihrer Gattung, bestens für den Steingarten, das Kiesbeet oder auch den Dachgarten geeignet. Interessant ist auch die niedrigere Staude Pflaumen-Fetthenne, *Sedum cauticolum*, die etwa 20 cm hoch wird.

### Tipp

Düngen Sie Fetthennen am besten nicht. Ist der Boden nämlich zu nahrhaft, kippen die Pflanzen um. Wenig vertragen werden außerdem Rinde, Kompost oder ähnliche humose Substrate.

*Die mit Raureif überzogenen Samenstände der Fetthenne wirken auch im Herbst und Winter attraktiv.*

## Goldruten

Schon viele Jahrhunderte ist die aus Nordamerika stammende Kanadische Goldrute, *Solidago kanadensis*, in Mitteleuropa beheimatet und hat sich auch in der freien Natur stark ausgebreitet. Sie ist nicht ganz unumstritten, wenn es um die zusätzliche Pflanzung in Gärten geht. Allerdings gibt es heute Gartenhybriden, z. B. die Sorte 'Goldstrahl', die nicht verwildern und deshalb auch nicht die heimische Flora zurückdrängen. Fest steht, dass die Goldruten mit ihren pyramidenförmigen Rispen goldgelber Blüten den Herbstgarten bereichern.

*Goldruten sind absolut pflegeleicht.*

*Die lieblichen Blüten der Herbstanemone stehen auf langen Stängeln über dem Laub.*

## Herbstanemonen

Zu den Favoriten im herbstlichen Staudenbeet gehören zweifellos die Herbstanemonen, *Anemone hupehensis*, beziehungsweise ihre Gartenformen, das sind die Herbst- oder Japananemonen, *Anemone-japonica*-Hybriden. Die breit-buschig wachsenden Stauden kommen am besten an beschatteten Plätzen zurecht und wirken vor Hecken oder dunklem Hintergrund besonders interessant.

Allein schon das Laub füllt Lücken im Staudenbeet auf dekorative Weise, wenn sich aber dann im August die Rispen rosafarbener Blüten auf ihren langstieligen Stängeln über das Laub erheben und zart im Wind wiegen, gerät man bei deren Anblick leicht ins Träumen.

Schön ist übrigens auch, dass sich Japananemonen so bereitwillig ausbreiten und problemlos teilen und neu einpflanzen lassen. So kann man sie an verschiedenen Stellen im Garten auspflanzen oder aber verschenken.

*Großflächige Pflanzungen strahlen Ruhe aus, wenn die Farben aufeinander angestimmt sind.*

# Zuverlässige Blüher – Herbst im Staudengarten

# Blätter, Früchte, Rinde – Gehölze und ihre Besonderheiten

Zu den Herbstfinalisten gehören die Gehölze. Sie beeindrucken durch ihre intensiven Farben.

> **Tipp**
>
> Vor dem Kauf von Gehölzen müssen Sie die spätere Ausbreitung der Exemplare berücksichtigen. Wie breit und hoch wird die Sorte werden? Wird ein vermeintlich klein bleibender Baum in den Vorgarten gesetzt, kann er in einigen Jahren womöglich die komplette Sicht aus dem Fenster versperren oder dem Nachbarn zu nah an sein Grundstück rücken.
>
> Daneben gilt es, den richtigen Standort zu wählen. Da Gehölze oft teurer in der Anschaffung sind, kann ein Experimentieren hier nicht unbedingt empfohlen werden. Einmal gepflanzt, sollte der Baum oder Strauch für viele Jahre seinen Platz inne haben.

Ein Garten ohne Sträucher und Bäume ist fast undenkbar. Sie strukturieren Flächen, teilen Gartenräume ein und bilden Grenzen, ohne dabei ausgrenzend oder abstoßend zu wirken. Gehölze liefern sozusagen das Gerüst des Gartens, deshalb sollte die Planung, welche Gewächse an welchen Platz kommen, auch besonders gut durchdacht sein.

Bedenken Sie, dass es neben wunderbaren früh blühenden Sträu-

*Fast alle Ahornarten entwickeln eine schöne Herbstfärbung.*

chern und Bäumen auch herbstliche Attraktionen gibt, die den Garten auf vielfältige Weise bereichern.

## Zauberhaftes Farbspektakel

Wie kommt es, dass gerade der Herbst so wunderbare Farben hervorbringt? Besonders in dieser Jahreszeit haben viele Menschen das Bedürfnis, diese Farben, die Luft und vor allem die letzten Sonnenstrahlen in sich aufzusaugen, da in den kommenden dunklen Wintertagen die Farbskala auf ein Minimum reduziert werden wird.

Verfärbung und Laubfall unserer Gehölze sind genetisch vorprogrammiert und eine Anpassung an die winterlichen Verhältnisse mit tieferen Temperaturen, Eis und Schnee, die wiederum zu einer verminderten Wasserversorgung beitragen. Da aber gleichzeitig über die Blätter sehr viel Wasser verdunstet wird, würden die Gehölze verdursten, weil die Nachlieferung aus dem Boden bei tiefen Temperaturen nicht gewährleistet ist. Sobald die Tage kürzer werden, wird deshalb das Blattgrün abgebaut und wichtige Inhaltsstoffe aus den Blättern werden in das Speichergewebe des Stammes transportiert. Im Zuge dieser Prozesse kommt es zur Verfärbung der Blätter.

### Indian Summer in Mitteleuropa

Wer hat noch nicht von ihm gehört? Der Indian Summer in seiner ganzen Farbenpracht ist legendär und manchem sogar eine Reise nach Kanada oder in die Neuenglandstaaten wert. Hervorgerufen wird dieses Feuerwerk in Rot, Gelb und Orange vor allem durch Ahornbäume, aber auch verschiedene andere laubabwerfende Gehölze.

Vergleichbar ist der Indian Summer in unseren Regionen mit dem Altweibersommer. Ganz besonders farbintensive Eindrücke hinterlassen unsere größten Zierbäume, die in den meisten Hausgärten jedoch keinen Platz finden. Zu diesen zählen beispielsweise die Scharlach-Eiche, *Quercus coccinea*, die bis 20 m hoch wird, und der bis in 40 m Höhe reichende Rot-Ahorn, *Acer rubrum*.

Nicht ganz so hoch und deshalb schon attraktiver für den Haugarten

*Verschiedene Gehölze warten im Herbst mit roten Blättern auf.*

## Blätter, Früchte, Rinde – Gehölze und ihre Besonderheiten

### Empfehlenswerte Gehölze

| Art/Sorte | Besonderheiten |
|---|---|
| Davids- (Schlangenhaut-) Ahorn<br>*Acer davidii* | weit ausladende Äste, sehr winterhart, rot-orangerote Blätter an rötlichen Stielen, geflügelte rötliche Samen |
| Japan-Ahorn<br>*Acer japonicum* 'Aconitifolium' | wird nur 2,5 m hoch, geschlitztblättrig, mit dunkelkarmesinroter Färbung |
| Federbuschstrauch<br>*Fothergilla major* | langsam wachsend, Blätter gelb, orange, rot |
| Eisenbaum<br>*Parrotia persica* | große Blätter in verschiedenen Gelb- und Rottönen |
| Perückenstrauch<br>*Cotinus coggygria* | wird nur 3–4 m hoch, Blätter im Herbst gelb oder rot |

ist der Amberbaum, *Liquidambar styraciflua*. Er erreicht innerhalb von 15 Jahren eine Größe von 8 bis 10 m. Sein Laub, das ähnlich geschlitztblättrig wie das des Ahorns ist, färbt sich im Herbst karminrot mit gelben Farbnuancen.

Auf Gehölze müssen aber auch kleinere Gärten nicht verzichten, denn mittlerweile gibt es viele verschiedene Züchtungen von kleinen Bäumen und Sträuchern.

### Das Geheimnis des Baumstammes

Neben den Blättern hat auch die Rinde mancher Gehölze einiges zu bieten. Erst im Herbst und Winter, wenn der Blick nicht abgelenkt ist durch Blattfarben und -formen, bemerkt man die besonderen Maserungen und die verschiedenen Farbnuancen der Rinde. Erwähnenswert sind hier vor allem wieder die Ahorne, aber auch Hartriegel, Weide, Kolkwitzie und Aralie warten mit dekorativen Merkmalen auf.

- Fächer-Ahorne, *Acer palmatum*, z. B. die Sorte 'Sangokaku', der Korallenrinden-Ahorn, sind echte Pflanzenschätze, allerdings nicht ganz so einfach in Bezug auf die Überwinterung.

- Schlangenhaut-Ahorne, *Acer davidii*, machen ihrem Namen alle Ehre. Ihre rötlich grüne Rinde ist mit schmalen weißen Streifen durchzogen.

- Hartriegel, z. B. der Blutrote Hartriegel, *Cornus sanguinea* 'Winter Flame' oder 'Winter Beauty', präsentiert im Herbst und Winter orangerote Triebe.

- Der Tartarische oder Weiße Hartriegel, *Cornus alba* 'Elegantissima', wartet mit einer purpurroten Triebfärbung auf.

*Leuchtend gelbe Herbstfärbung*

*Hortensien bevorzugen halbschattige Standorte.*

## Hortensien

Die aus Japan stammende Hortensie wird bei uns häufig als Zimmerpflanze kultiviert, man trifft sie aber auch in vielen Gärten an. Sie ist auch als Kübelpflanze beliebt, da viele Arten keinen Frost vertragen und im Winter in einem frostfreien Quartier untergebracht werden müssen.

Die Hauptblütezeit der Hortensie – bei uns meist als Gartenhortensie anzutreffen – liegt im Juli und August, die Rispenhortensie präsentiert sich aber erst im Herbst in voller Blütenpracht. Bei den weiß oder rosa bis blau gefärbten Blüten handelt es sich botanisch gesehen allerdings nicht um Blüten, sondern um sogenannte Scheinblüten, also um farbige Kelchblätter. Ob die Scheinblüten einer Hortensie rosa oder bläulich gefärbt sind, hängt übrigens nicht von der Züchtung, sondern von der Beschaffenheit des Bodens ab. Ist der Boden alkalisch, bildet die Pflanze rosafarbene Blüten aus, ist er dagegen sauer, färben sich die Blüten blau. Weiß blühende Hortensien sind unabhängig von der Bodenbeschaffenheit. Sie zeigen stets weiße Blüten.

Wer seinen Garten dauerhaft mit Hortensien gestalten möchte, sollte sich für winterharte Straucharten, wie die weiße Schneeballhortensie, die Samthortensie oder die fliederähnliche Rispenhortensie entscheiden. Auch Kletterhortensien für Hauswände und Pergolen sind beliebt.

Die Hortensie liebt nicht die pralle Sonne, sondern bevorzugt einen etwas schattigeren Standort. Sie muss regelmäßig gegossen werden, was ihr lateinischer Name *Hydrangea* (= viel Wasser) bereits erkennen lässt. An heißen Sommertagen lässt die Hortensie bei zu trockenem Boden leicht die Blätter hängen. Dann am besten zweimal täglich gießen.

*Für rosafarbene Blüten muss der pH-Wert über 5,5 liegen.*

## Pfaffenhütchen

Eine Besonderheit im Herbstgarten ist ganz sicher das Pfaffenhütchen, auch als Gewöhnlicher Spindelstrauch, *Euonymus europaeus*, bekannt. Dieser 4 bis 6 m hoch wachsende Strauch entwickelt als Frucht eine vierklappige Kapsel, die nach der Fruchtreife aufplatzt. An Fäden hängen dann die orangefarbenen, giftigen Samen aus der Kapsel heraus und lassen erkennen, wie der Strauch zu seinem Namen kam. Der große Strauch mit seinem eleganten, überhängenden Wuchs ist nicht nur schön zum Anschauen, sondern dient als sogenanntes Vogelnährholz. Wer seinen Garten auch für gefiederte Gäste attraktiv machen möchte, sollte auf dieses Gehölz also nicht verzichten.

Bevorzugt wächst das Pfaffenhütchen auf sandig-lehmigen, nährstoffreichen Böden, die frisch bis feucht sind. Beachten Sie bei der Pflanzung, dass Pfaffenhütchen nicht geschnitten werden sollten und planen Sie genügend Platz für den etwa 4 m breiten Strauch ein.

*Pfaffenhütchen sind leicht an ihren typischen Blüten zu erkennen.*

## Wildfrüchte – eine echte Bereicherung für den Garten

Der Herbst bietet nicht nur Farben in Hülle und Fülle. Viele Wildgehölze trumpfen jetzt mit Früchten auf, die für die Tiere aus Wald und Flur wertvolle Nahrung darstellen und ihr Überleben sichern.

Schlehe, Elsbeere, Weißdorn, Sanddorn, Vogelbeere und auch Wildrose mit ihren nahrhaften Hagebutten seien stellvertretend für das reichhaltige Nahrungsangebot der Natur genannt.

Alle diese Gehölze haben darüber hinaus einen erheblichen dekorativen Wert und sind in der Pflege meist äußerst anspruchslos. Den Wert für die menschliche Ernährung hat man in den letzten Jahren übrigens auch wieder entdeckt, sodass immer häufiger Hagebutten, Schlehen oder Sanddorn im eigenen Garten angepflanzt und ihre Früchte verarbeitet werden.

> **Tipp**
>
> Für einen herbstlichen Türkranz können sehr gut Zweige von Wildobstgehölzen verwendet werden. Hagebutten, Mehlbeere und grüne Blätter harmonieren beispielsweise sehr gut miteinander.

### Vogelbeere

Wer von der Vogelbeere, *Sorbus aucuparia*, spricht, meint die Nielesche, Gürmsch, Quitsche oder Drosselbeere. Diese und noch mehr Namen trägt der stattliche Baum nämlich je nach Region. Er kann bis 15 m hoch werden, bleibt manchmal aber auch bei 6 m stehen. Von August bis Oktober reifen die korallenroten Früchte, die gerne auch in Herbststräußen verwendet werden und lange halten. Manchmal ereilt ein früher Frost und Schneefall die fruchtbehangenen Bäume, was dann wirklich ein schönes Bild abgibt. Nicht umsonst hat der Baum seinen Namen erhalten, denn die Früchte sind bei Vögeln sehr beliebt.

### Sanddorn

Auch der Sanddorn, *Hippophae rhamnoides*, passt in unsere Gärten, allerdings braucht er einen sonnigen Platz und durchlässigen, wenn möglich sandigen Boden. Seine Triebe sind silbrig behaart, sodass er auch ohne Beeren einen schönen Anblick bietet. Damit sich Beeren bilden, benötigt man männliche und weibliche Pflanzen, denn der Sanddorn ist zweihäusig.

Die sparrigen Zweige und die orangeroten Früchte sind sehr dekorativ. Da die Früchte außerdem lange am Strauch hängen bleiben, dienen sie vielen Vögeln auch als Winternahrung, die Sie dann bei ihrer Nahrungssuche in aller Ruhe vom Fenster aus beobachten können.

*Wildobst ist wieder in: Auch Vogelbeeren lassen sich in der Küche verschiedentlich verarbeiten.*

Blätter, Früchte, Rinde – Gehölze und ihre Besonderheiten | 55

Sanddornbeeren haben einen sehr hohen Vitamin-C-Gehalt, was den Strauch zum Beernten attraktiv macht.

**Hagebutten**
Im Reigen der Gehölze mit herbstlichem Fruchtschmuck darf die Hagebutte nicht fehlen. Die Früchte der Wildrosen haben je nach Art so unterschiedliche Formen und Größen, dass die Auswahl schwer fällt, will man sich z. B. eine Wildgehölzhecke anlegen. Auch Hagebutten bleiben lange am Strauch und werden von Vögeln gern als Nahrung

*Sanddorn – Die schmackhaften, leuchtend orangefarbenen Früchte haben einen sehr hohen Vitamin-C-Gehalt.*

angenommen. Sie sehen von Raureif überzogen traumhaft schön aus, eignen sich aber ebenso gut zu Dekorationszwecken.

# Grazile Schönheiten – Gräser verzaubern den Herbst

Im Spätsommer und Herbst zeigen die meisten Gräser erst ihre volle Schönheit.

# Grazile Schönheiten – Gräser verzaubern den Herbst

*Das imposante Pampasgras zieht zu jeder Jahreszeit die Blicke auf sich.*

Formenreichtum – das ist das Stichwort bei Gräsern. Die Palette der grazilen und vielfältigen Gräser reicht von unscheinbaren flachen Polstern bis hin zu majestätischen Erscheinungen wie dem Pampasgras, das im Garten die Blicke auf sich zieht.

*Gräser, wie hier das Federborstengras, lockern eine Pflanzung auf und setzen gleichzeitig filigran-üppige Akzente.*

### Kurze botanische Erläuterung

Unter den Blütenpflanzen zählt die Familie der Gräser zu den größten, denn immerhin gibt es etwa 6000 verschiedene Grasarten. Dabei unterteilen wir in sogenannte Süßgräser oder echte Gräser (*Gramineae*) und Sauer- oder Riedgräser (*Cyperaceae* und *Juncaceae*). Ohne auf weitere botanische Einzelheiten einzugehen, sei noch erwähnt, dass Sauergräser eigentlich gar keine Gräser sind, im Volksmund aber als solche bezeichnet werden. Auf den ersten Blick sind sie den echten Gräsern auch sehr ähnlich und sollen deshalb hier gleichermaßen miterwähnt werden.

*Viele höhere Gräser, wie die Rutenhirse, eignen sich auch als Solitärpflanzen.*

# Grazile Schönheiten – Gräser verzaubern den Herbst | 59

*Die Fontänengrassorte 'Rubrum' hat besonders attraktives Laub, da es in rötlichen Farben schimmert.*

## Zartes Spiel der Halme

Gräser haben ihren ganz besonderen Reiz und beleben eine Pflanzung ungemein, ohne sich dabei in den Vordergrund zu bringen.

Natürlich gibt es auch große Arten, die als Solitäre Akzente setzen, z. B. Pampasgras, Chinaschilf oder Riesenpfeifengras. Andere machen sich besonders gut in Gruppen- und Flächenpflanzungen, z. B. Rutenhirse, Lampenputzergras, Riesenzittergras oder Atlas-Schwingel. Wieder andere kann man getrost zur Auflockerung zwischen Stauden pflanzen. Sie bringen dann eine wunderbare Leichtigkeit in die Beete, wenn der Wind durch die zarten Halme streicht und eine Woge durch die Pflanzung zu gehen scheint. Und das ist wohl auch das große Plus der Gräser: Sie warten nicht auf mit spektakulären Blüten und Farben, ihre Beständigkeit und harmonisch zurückhaltende Farbgebung machen sie einfach nur zu perfekten Partnern. Ihre markanten Strukturen stehen dabei den anderen Pflanzen in nichts nach.

Obwohl sie zu allen Jahreszeiten ein schönes Bild abgeben, ist die Hoch-Zeit der Gräser aber der Herbst. Viele Beete leuchten dann in knalligen Farben, die die Gräser nicht überdecken, sondern der gesamten Pflanzung einen harmonischen ruhigeren Ton verleihen.

Auf den ersten Blick mag man die Farbe von Gräsern ganz allgemein als Grün bezeichnen. Doch das Farbspektrum ist um Einiges größer, denn neben ganz vielen verschiedenen Grüntönen gibt es auch blaue und blaugrüne Arten, Halme und Ähren, die einen Goldton in sich tragen oder einen bräunlichen Gesamteindruck vermitteln.

Und selbst im Winter behalten sie ihre Schönheit, vor allem, wenn sie mit Raureif bedeckt sind.

## Herbstschönheiten und wintergrüne Gräser

Viele Gräser blühen im Herbst und entwickeln wunderschöne, zart strukturierte Ähren und Rispen. Und in Bezug auf die Verfärbung der Halme gibt es in jedem Jahr wieder eine Überraschung, denn die Ausprägung der Farben von Goldgelb über Hellbraun bis Blutrot hängt von der Witterung ab, das heißt, wie viele Sonnentage es gegeben hat und ob die Pflanzen genügend, zu viel oder zu wenig Wasser bekommen haben.

'Rehbraun' heißt diese Sorte der Rutenhirse. Sie benötigt etwas mehr Platz im Garten.

**Rutenhirse**

Zu den prächtigsten Herbstgräsern zählt zweifelsohne die Rutenhirse, *Panicum virgatum*. Die Sorte 'Rotstrahlbusch' – sie ist übrigens eine Auslese des berühmten Staudengärtners Karl Foerster – ist dabei besonders hervorzuheben, denn sie macht ihrem Namen alle Ehre. Das 60 bis 100 cm hoch werdende, aufrecht büschelig wachsende Gras blüht von Juli bis August. Wie kleine Fontänen stehen die Blütenstände dann über den Halmen. Bis in den Herbst bleibt dieses Bild erhalten, dann entwickelt sich eine rötliche Färbung von besonderer Schönheit. Diese ganz eigene Farbe hat der Art wohl auch den Namen Kupferhirse eingetragen.

Die Sorte 'Shenandoah' zeigt schon früh rote Spitzen, bevor sie sich nach und nach ganz verfärbt.

## Miscanthus-Arten

Für den Garten hervorragend geeignet ist die Art *Miscanthus sinensis*, das Chinaschilf, mancherorts auch als Zebragras bezeichnet, denn die Halme sind durchzogen von zierlichen bis breiteren, mehr oder weniger hellen Streifen.

Das Chinaschilf stammt aus den lichten Bergwäldern Japans und Chinas und bevorzugt einen humosen, durchlässigen und nährstoffreichen Standort, der ruhig etwas feuchter sein kann, was bei der Platzwahl bedacht sein muss.

Gut passt die Art mit den ganz unterschiedlichen Sorten an Teichränder, wo sie ideale Bedingungen vorfindet. Die Horste werden mit der Zeit immer größer und bilden kleine Dickichte; für Gartenbewohner aller Art perfekte Unterschlupf- und Überwinterungsbedingungen. In der Höhe unterscheiden sich die Sorten zum Teil erheblich, wobei 'Giganteus', das Riesen-Chinaschilf, bis zu 4 m hoch werden kann. Allerdings bildet es keine Blüten, dafür aber imposante breite Blätter, die bogig überhängen.

Bildet eine Sorte Blütenstände, handelt es sich um fedrig anmutende Blütenrispen, die sortenabhängig silbrig weiß, silbrig, rosa oder silbrig rot sind. Das hohe Gras wird häufig auch als Sichtschutz oder Raumteiler im Garten verwendet und macht sogar in Töpfen und Kübeln auf der Terrasse eine gute Figur. Allerdings darf bei der Topfkultur die regelmäßige Wasserversorgung nicht vergessen werden.

### Tipp

Chinaschilf ist auch im Winter schön und sollte deshalb erst im zeitigen Frühjahr zurückgeschnitten werden, dann allerdings bis zum Ansatz, damit es wieder schön austreibt. Einfach ist die Vermehrung durch Teilung, die ebenfalls im Frühjahr vorgenommen werden kann.

*Chinaschilf benötigt viel Platz in Beeten und Rabatten.*

| Chinaschilf – empfehlenswerte Sorten | | |
|---|---|---|
| Sorte | Höhe | Besonderheiten |
| 'Ghana' | 140–170 cm | Der satte Braunton wandelt sich im Herbst in ein kräftiges Rotbraun. |
| 'Gracillimus' | 120 cm | entwickelt keine Blüte, aber schmale Blätter mit silbrigem Mittelstreifen |
| 'Kleine Silberspinne' | 100–150 cm | Blüte: September-Oktober, feine Grasbüschel, die im Alter kugelig werden |
| 'Rotsilber' | 100–175 cm | Blätter mit silbrigen Streifen, Blüten in Rot, silbrig glänzend |
| 'Strictus' | 150 cm | aufrechte spitze Blätter, gelb gestreift |

## Lampenputzergras

In der Gattung *Pennisetum* finden sich einige nennenswerte Arten, die unsere Gärten bereichern. Einige von ihnen stammen allerdings aus viel wärmeren Regionen unserer Erde und werden in den mitteleuropäischen Gebieten deshalb auch nur einjährig kultiviert.

*P. alopecuroides*, das Lampenputzer- oder Federborstengras ist dagegen bei uns gut winterhart. Obwohl es nicht sehr hoch wird, nur bis 40 cm, kann es gut in Einzelstellung platziert werden, weil es im Spätsommer ganz besondere Blütenähren bildet, die bräunlich und rosarot gefärbt, an Ährchen sitzen und einer Flaschenbürste ähneln.

Eine wahre Augenweide ist das Orient-Lampenputzergras, *P. orientale*. In kleinen Gruppen verwendet kommt es ganz besonders gut zur Geltung.

## Für Kübel und Töpfe

Nicht jeder hat einen großen Garten, dafür aber eine schöne Terrasse oder einen ansehnlichen Balkon. Auch hier muss man nicht auf Gräser verzichten, im Gegenteil, manche Gräser lassen sich in Kübeln sogar besser „im Zaum halten" und breiten sich nicht aus.

Für sonnige Plätze gut geeignet sind:

- Pfahlrohr, *Arundo donax*, z. B. 'Versicolor'
- Blauschwingel, *Festuca cinerea*, z. B. 'Frühlingsblau'
- Schillergras, *Koeleria glauca*

Im Schatten eignen sich dagegen verschiedene Seggen- oder Marbel-Arten. Neben diesen kleineren Arten und Sorten kann man in ausreichend große Gefäße aber auch *Miscanthus*-Arten setzen, die jahreszeitlich immer wieder neu positioniert und mit den jeweiligen Blühpflanzen der Saison kombiniert werden können.

Bei größeren Gefäßen sollte man aber auch an die Transporttauglichkeit denken und z. B. Untersetzer zum Rollen verwenden.

*Das Federborsten- oder Lampenputzergras ist bei uns winterhart.*

# Grazile Schönheiten – Gräser verzaubern den Herbst

*Die einjährige Mähnengerste schimmert im Herbstlicht golden.*

## Für Unentschlossene – die Einjährigen

Auch unter den Grasarten gibt es einige, die jährlich neu ausgesät werden müssen. Das hat den Vorteil, dass man sich zunächst nicht festlegen muss, sondern erst einmal mit den Gräsern experimentieren kann. Wer die Abwechslung liebt, kann auf diese Weise jährlich neue Strukturen ins Spiel bringen.

Die einjährigen Gräser werden im Frühjahr an Ort und Stelle ausgesät. Am besten gedeihen sie auf einem lehmig-humosen Boden. Unkräuter können die kleinen Jungpflanzen schnell wieder verdrängen, deshalb sollten Sie vor der Aussaat gründlich jäten.

### Tolle Effekte

Sehr exklusiv sind die roten Blätter und Blütenstände des Afrikanischen Lampenputzergrases, *Pennisetum setaceum*. Die Sorte 'Rubrum' ist besonders empfehlenswert.

Das Riesenzittergras, *Briza maxima*, ist wohl das zarteste unter seinesgleichen. Es passt in sommerliche Rabatten ebenso wie zu Herbstblühern. Dass es wie die meisten Einjährigen recht schnell braun wird, schadet dem Erscheinungsbild nicht, denn als Farb- und Strukturträger leistet es weiterhin gute Dienste.

An „Leichtigkeit" nicht zu übertreffen ist die Mähnengerste, *Hordeum jubatum*. Sie wiegt sich im Wind über kleinere Stauden, verbindet flächige Pflanzungen und ändert dabei ihre Farbe je nach Lichteinfall.

### Tipp

Höher wachsende einjährige Gräser wie das Straußgras, *Agrostis nebulosa*, die Mähnengerste, *Hordeum jubatum*, das Wollige Federborstengras, *Pennisetum villosum*, oder das Hasenschwanzgras, *Lagurus ovatus*, sollten Anfang April in kleinen Kistchen auf dem Fensterbrett vorgezogen werden. Ab Mai können dann die kleinen „Grasbüschel" ausgepflanzt werden.

# Die große Zeit der Ernte

Der Gemüsegarten im Herbst

Kräuter für Leib und Seele

Der Obstgarten im Herbst

Lagerung und Vorratshaltung

# Der Gemüsegarten im Herbst

Wer einen Gemüsegarten sein Eigen nennt, kann im Herbst im wahrsten Sinne des Wortes die Früchte seiner Arbeit ernten.

*Üppige Vielfalt mit Salat, Möhren, Fenchel, Lauch und Kohlgemüse*

# Der Gemüsegarten im Herbst

*Im herbstlichen Gemüsebeet wachsen letzte Kohlrabi und Bohnen neben Endivien.*

Haben Sie Freude am Gärtnern? Dann sollten Sie sich nicht nur einen Blumen-, sondern auch einen Gemüsegarten anlegen. Denn was schmeckt besser als frisch geerntetes Gemüse? Außerdem trägt der eigene Garten in Zeiten des Klimawandels zur Erhaltung unserer Umwelt bei, denn Gemüse und natürlich auch Obst aus dem Supermarkt kommen oft aus fremden Ländern und werden mit dem Flugzeug über lange Strecken transportiert.

Die Ernte im Nutzgarten beginnt bei rechtzeitiger Aussaat schon im zeitigen Frühjahr, die Haupterntezeit ist jedoch im Herbst. Viele Gemüsearten, die eine längere Wachstumsdauer haben, wie Schwarzwurzeln, Kartoffeln, Möhren oder Spätkohl werden an sonnigen Herbsttagen geerntet, und wer gut geplant hat, der kann auch noch Salat, Radieschen und Bohnen aus dem Garten holen.

## Gemüsebeet anlegen

Wählen Sie für ein Gemüsebeet einen möglichst sonnigen Standort aus. Schattige Plätze verzögern nicht nur das Wachstum der Pflanzen, sondern machen sie auch anfälliger für Krankheiten und Schädlinge. Ein sandig-lehmiger Boden, der Wasser und Nährstoffe halten kann, gleichzeitig aber keine Staunässe bildet, ist ideal. Ein guter Humusgehalt ist ebenfalls von Vorteil, denn er schafft beste Voraussetzungen für Mikroorganismen, deren Aktivität im Gartenboden unerlässlich ist.

## Grundsätzliches

Bevor Sie im Herbst eine gute Ernte einfahren können, müssen Sie bereits im Winter eine Planung gemacht und im Frühjahr rechtzeitig mit Pflanzung und Aussaat begonnen haben. Es ist nicht nur wichtig, was nebeneinander gepflanzt wird, sondern auch, dass der Fruchtwechsel eingehalten wird. Setzt man beispielsweise Kartoffeln oder Tomaten Jahr für Jahr an dieselbe Stelle, ist der Boden rasch ausgezehrt und die Erträge sinken. Man spricht dann von Bodenmüdigkeit.

Kartoffeln und Tomaten, aber auch Kohlarten, Sellerie, Gurken und Lauch gehören zu den Starkzehrern, das heißt, sie verbrauchen sehr viel Nährstoffe, vor allem Stickstoff. Zu den Mittelzehrern gehören Zwiebeln, Knoblauch, Rote Beete, Salat, Spinat und Schwarzwurzeln. Und dann gibt es noch die Schwachzehrer wie Bohnen, Erbsen, Radieschen und verschiedene Kräuter. Stehen die Starkzehrer immer auf demselben Beet, kann man das zwar bis zu einem gewissen Maß durch die Zugabe von Kompost ausgleichen, empfehlenswert ist es jedoch nicht.

Am besten teilt man den Gemüsegarten in vier Quartiere ein, die man jährlich wechselnd mit Stark-, Mittel- und Schwachzehrern bestückt. Im vierten Quartier können mehrjährige Gemüse, z. B. Rhabarber, oder Kräuter platziert werden.

Ein Beet lässt sich auch innerhalb einer Gartensaison mehrfach nutzen.

### Vorbeugende Maßnahmen

Vor allem Kohlgewächse sind anfällig gegenüber Krankheiten und Schaderregern und sollten erst nach drei Jahren wieder an derselben Stelle im Garten angebaut werden. Das gilt übrigens auch für Lauch, Kartoffeln, Karotten, Erbsen und Petersilie.

Diese Mehrfachnutzung bezeichnet der Gärtner als Kulturfolge. Wer gut plant, kann pro Jahr an einer Stelle drei verschiedene Gemüsesorten anbauen, in der Praxis läuft es aber meist auf zwei hinaus, wobei es sich um eine sogenannte Hauptkultur so-

*Während Tomaten zu den Starkzehrern gehören, gehen Bohnen als Schwachzehrer eher behutsam mit den Bodennährstoffen um.*

*Auch Kopfsalat verträgt sich nicht mit immer mit anderen Gemüsesorten.*

wie eine Vor- oder Nachkultur handelt. Viel Widersprüchliches hört man über das Thema Mischkultur. Welche Pflanzen sich nicht „miteinander vertragen", ist in der Regel nicht wissenschaftlich bewiesen, sondern beruht lediglich auf Erfahrungswerten, die jedoch recht unterschiedlich ausfallen können. Nicht nebeneinander setzen sollte man nach dem Rat vieler Gärtner Zwiebeln und Buschbohnen, Radieschen und

*Salatvariationen vom klassischem Kopfsalat bis zum neuen Salanova-Salat*

Gurken, Kopfsalat und Petersilie, Bohnen und Fenchel sowie Kohlgewächse und Knoblauch. Im Zweifelsfall: Einfach selbst ausprobieren!

### Artischocke

Das Hauptanbaugebiet dieses Korbblütlers liegt im mediterranen Raum, die Artischocke gedeiht aber auch in unseren Breiten gut. Allerdings ist sie nicht völlig winterhart, das heißt, sie benötigt einen Schutz in der kalten Jahreszeit. Die dekorativen Pflanzen können bis zu 2 m hoch werden. Man sollte sie deshalb etwas gesondert pflanzen, damit sie die Nachbarn nicht beschatten. Mutige Gärtner setzen Artischocken aber auch ins Staudenbeet, was durchaus reizvoll und mediterran anmutet. Nicht abgeerntete Blütenköpfe entwickeln sich nämlich zu schönen Blüten, die oftmals auch in Sträußen verarbeitet werden.

### Tipp

Wichtig für die Artischocke sind drei Dinge: Sie braucht viel Licht, Nährstoffe und Wasser.

Während der heißen Sommermonate dürfen Sie das Gießen nicht vergessen!

## Der Gemüsegarten im Herbst

*Ab Anfang September sind die ersten Artischocken erntereif.*

*Zum Verzehr sind nur die Rippen geeignet, die Blätter entfernt man.*

Der Anbau erfolgt durch Jungpflanzenanzucht oder Direktsaat. Geerntet werden kann meist erst im zweiten Jahr.

Die Blütenköpfe schneidet man, solange die Schuppenblätter eng anliegen und die Knospen ganz geschlossen sind. In wärmeren Regionen kann die Ernte früher beginnen, meistens aber ist der beste Zeitraum von Ende August bis in den September hinein.

*Nicht abgeerntete Artischocken werden zu schönen Blüten. Daher ist die Pflanze auch im Ziergarten beliebt.*

## Bohnen

Es gibt kaum ein Gemüse, das so einfach im Anbau, so hoch im Ertrag und so vielseitig verwendbar ist wie die Bohne. Zugegeben, Stangenbohnen benötigen ein Klettergerüst, das aufgestellt werden muss, ansonsten aber sind auch sie relativ pflegeleicht.

*Buschbohnen mit Blüten und Fruchtansätzen (rechts). Man kann sie grün ernten oder trocknen lassen (links).*

| Empfehlenswerte Buschbohnensorten | |
|---|---|
| **Sorte** | **Besonderheiten** |
| 'Amethyst' | resistent gegen Bohnenmosaikvirus |
| 'Canadian Wonder' | Trockenkochbohne |
| 'Delinel' | Filetbohne |
| 'Facta' | Trockenkochbohne |
| 'Festina' | resistent gegen verschiedene Bohnenkrankheiten |
| 'Golddukat' | lässt sich gut pflücken, weil die Bohnen hoch im Busch hängen |

## Der Gemüsegarten im Herbst

| Empfehlenswerte Stangenbohnensorten | |
|---|---|
| *Sorte* | *Besonderheiten* |
| 'Berner Landfrauen' | robust, ertragreich |
| 'Blauhilde' | blaue Hülsen, die sich beim Kochen grün färben |
| 'Forellenbohne' | eine echte Rarität |
| 'Hilda' | breithülsige Schwertbohne |
| 'Wieser Kipflerbohne' | Rarität aus der Steiermark |

Für den Hausgarten interessant sind hauptsächlich Busch- und Stangenbohnen. In letzter Zeit erleben allerdings die Feuerbohnen eine Renaissance, die sich auch im Ziergarten als rasch wachsende einjährige Kletterpflanzen einen Namen gemacht haben.

Buschbohnen werden nach den letzten Nachtfrösten entweder in Horst- oder Reihensaat etwa 5 cm tief gelegt. Vorsicht ist bei Schnecken geboten: Sie lieben die zarten Pflänzchen, die man unbedingt vor ihren Widersachern schützen muss. Einige Körner biologisches Schneckenkorn tun gute Dienste. Legen Sie dann in Sätzen immer wieder einige Horste oder eine Reihe aus, dann dauert die Ernte bis in den Herbst hinein an. Sind die Pflänzchen gut gewachsen und etwa 15 cm hoch, werden sie angehäufelt, um die Standfestigkeit zu verbessern.

*Feuerbohnen sind ideal für Rankgerüste am Haus. Sie blühen wunderschön und bringen reiche Ernte.*

*Stangenbohnen sollten in keinem Gemüsegarten fehlen. Sie bringen einen deutlich höheren Ertag als Buschbohnen, brauchen aber unbedingt Stangen, gespannte Schnüre oder Spaliere als Rankhilfe.*

Stangenbohnen keimen erst ab einer Temperatur von 12 °C. Es ist deshalb sinnvoll, sie im Haus vorzuziehen. Ende Mai, nach den Eisheiligen, setzt man dann zuerst das Stützgerüst und pflanzt die Bohnen anschließend um die Stangen herum. Ende Juni bis in den Oktober hinein kann durchgepflückt werden, je nachdem, ob die Kerne oder grünen Bohnen geerntet werden sollen. Eine etwas weniger anspruchsvolle Alternative zur Stangenbohne ist die Feuerbohne, auch Prunkbohne genannt, die nicht nur durch farblich ansprechende Blüten und Früchte besticht, sondern auch durch ihren Geschmack. Da ihre Entwicklungszeit etwa drei Wochen länger dauert als die der Stangenbohne, sollte sie spätestens Anfang Juni ausgesät werden.

### Tipp

Stangenbohnen winden sich links herum, Feuerbohnen sind dagegen Rechtswinder. Beim Anleiten an die Stangen ist es wichtig, die Pflänzchen gleich in die richtige Richtung zu lenken.

## Der Gemüsegarten im Herbst

### Chili und Paprika

Bei den Paprikagewächsen unterscheidet man zwischen Gewürz- und Gemüsepaprika. Gewürzsorten wie die bekannte Chilischote, aber auch die Gemüsesorten sind eigentlich ein wärmeres Klima gewohnt. Sie können aber in unseren Breiten durchaus auch gedeihen. Man sollte allerdings einen sehr sonnigen, warmen und windgeschützten Standort auswählen.

Was den Boden betrifft, sind Paprikapflanzen anspruchsvoll. Sie müssen in lockerer und durchlässiger Erde stehen, der Boden sollte humushaltig und reich an Nährstoffen sein.

Mit der Jungpflanzenanzucht sollten Sie ab Anfang März beginnen. Die Auspflanzung ins Freiland kann zwischen Mitte Mai und Anfang Juni erfolgen. Die Erntezeit beginnt Ende Juli und dauert über viele Wochen an. Bleiben die Witterungsverhältnisse bis in den späten Herbst günstig, kann immer weiter geerntet werden, bis der erste Frost kommt.

### Endivie

Zu den typischen Herbstgemüsen kann man die sogenannte Winterendivie rechnen, die erst spät im Jahr, Mitte Juni bis Ende Juli ausgesät, oder bis Mitte August ausge-

*Erntereifer gelber Paprika*

*Diese Frucht wird langsam rot.*

*Die schlanken Schoten des Gewürzpaprikas sind im Gegensatz zum Gemüsepaprika höllisch scharf.*

pflanzt wird. Die Ernte erfolgt von Ende September bis Ende November. Temperaturen unter –3 °C werden nicht vertragen. Am besten deckt man die Pflanzen bei Frostgefahr mit einem Vlies ab oder stülpt einen Folientunnel darüber.

### Fenchel

Der Fenchel ist eine äußerst vielseitige Nutzpflanze. Er kommt in der Küche nicht nur als Gemüse, sondern auch als Gewürz und sogar als Heilpflanze, z. B. in Form von Tee, zum Einsatz. Fenchel bevorzugt einen lockeren und humushaltigen Boden. Man sollte die Erde vorher reichlich mit Kompost versetzen, um sie mit Nährstoffen anzureichern. Die im April vorgezogenen Pflanzen können zwischen Mitte Juni und Mitte Juli ins Freiland gesetzt werden. Nach etwa zwölf Wochen beginnt die Erntezeit. Da Fenchel frostempfindlich ist, sollte man die Knollen rechtzeitig abernten und sie in den Keller legen, wo sie bis zu acht Wochen lagern können.

*Knollenfenchel eignet sich für Salate und wird ebenso gern gedünstet.*

### Gurke

Gurken sind hierzulande eine beliebte Gemüsepflanze, sei es als Salat- oder als Einlegegurke. Die Pflanzen brauchen einen sonnigen und warmen Standort. Der Platz sollte außerdem windgeschützt sein. Achten Sie darauf, dass der Boden locker und humos ist, denn die Wurzeln benötigen viel Luft. Da Gurken sehr kälteempfindlich sind, können sie, sofern man keine Pflanzen vorgezogen hat, erst in der zweiten Maihälfte ausgesät werden. Meist kann man ab August mit der Ernte beginnen. Wenn man die reifen Früchte regelmäßig abpflückt, lässt sich dadurch der Ertrag steigern.

*Im Herbst bildet der Fenchel Samen.*

*Reife Gurken werden gelb und können dann als Senfgurken eingelegt werden.*

## Der Gemüsegarten im Herbst

### Kartoffel

Wer genügend Lagerraum zur Verfügung hat, kann Spätkartoffeln anbauen und sich den Winter über an der eigenen Ernte erfreuen. Allerdings benötigen Kartoffeln ihren Platz im Beet die gesamte Vegetationsperiode über, das heißt, dass weder eine Vor- noch eine Nachkultur möglich sind. Doch auch das hat seine Vorteile: Man spart sich Arbeit, denn sind die Kartoffeln erst einmal gelegt und angehäufelt, gibt es bis zur Ernte wenig zu tun. Außerdem sind Kartoffeln eine sogenannte Gesundungsfrucht und als solche gut für den Gartenboden.

Man lässt die Kartoffeln, bevor man sie in den Boden legt, am besten vorkeimen. Der Ertrag lässt sich so steigern, und die Ernte kann zwei bis drei Wochen früher erfolgen. Von April bis Mai kommen die Knollen in den Boden, im September, spätestens im Oktober werden sie geerntet.

*Der Kartoffelanbau im eigenen Garten lohnt sich nur, wenn man größere Flächen zur Verfügung hat.*

### Kohl in vielen Varianten

Kohlpflanzen haben in Mitteleuropa eine lange Tradition als Gemüsepflanze. Da alle Kohlpflanzen sehr sättigend wirken, sind sie schon vor Jahrhunderten ein wichtiges Grundnahrungsmittel der europäischen Landbevölkerung gewesen. Weiß- und Spitzkohl sind außerdem die Grundlage für das vor allem in Süddeutschland beliebte Sauerkraut. Viele Kohlarten können sogar den Winter über im Garten bleiben und geerntet werden.

Die meisten Kohlarten werden sehr gern von der Weißen Fliege und allerlei Raupen, wie dem Kohlweißling, heimgesucht. Viele Gärtner stellen den Anbau ein, weil sie den Schädlingen einfach nicht beikommen können. Das muss aber nicht sein, denn wer bereits zur Pflanzung ein feines Schutzvlies über die Reihen stülpt und rundherum abdeckt, hat mit den Widersachern kaum Probleme.

### Blumenkohl

Der Blumenkohl ist relativ empfindlich und nimmt Kulturfehler leicht übel. Er braucht einen feuchten und nährstoffreichen Boden. Gepflanzt wird je nach Sorte, denn man unterscheidet zwischen frühem und spätem Blumenkohl. Die Herbstsorten werden im Juni gepflanzt. Die Kulturdauer beträgt etwa acht bis zwölf Wochen.

*Späte Sorten des Blumenkohls gedeihen bis weit in den Herbst hinein.*

## Brokkoli

Der auch als Spargelkohl bezeichnete Brokkoli ähnelt dem Blumenkohl. Während dieser jedoch geschlossene Blüten bildet, verteilen sich die Blütenknospen des Brokkoli locker über die gesamte Pflanze. Der Brokkoli kann von Anfang April bis Mitte Juni ins Freiland ausgesät werden, gepflanzt wird dagegen von Ende Mai bis Ende Juli. Zehn bis zwölf Wochen nach der Aussaat kann geerntet werden. Die Sprosse werden in einer Länge von ungefähr 15 bis 20 cm abgeschnitten, bevor sich die Blüten öffnen. Bis zum Herbst wachsen immer wieder Seitentriebe nach, die Blütenknospen ausbilden.

Brokkoli hat einen mild würzigen Geschmack sowie einen hohen Mineral- und Vitamingehalt und ist unbedingt empfehlenswert zum Anbau im Garten. Interessant sind die beiden Sorten 'Minaret' und 'Romanesco', die spitz zulaufen und türmchenartige Höckerchen bilden.

> *Tipp*
>
> Brokkoli muss geerntet werden, ehe sich aus dem festen Kopf Blüten bilden. Bei Hitze blüht der Brokkoli sehr rasch, ernten Sie deshalb regelmäßig in den frühen Morgenstunden.

## Grünkohl

Dieses typische Wintergemüse schmeckt erst, wenn es einigen Minusgraden ausgesetzt war. Grünkohl wird von Ende Juni bis Anfang August gepflanzt, etwa fünf Wochen vorher sät man auf Anzuchtbeeten aus. Wer nicht so viel Platz hat – und das gilt für viele Gemüsepflanzen – kauft sich Jungpflanzen in der Gärtnerei.

> *Tipp*
>
> Wer schon im Oktober den überaus gesunden Grünkohl genießen will, pflanzt ihn am besten schon Ende Juni und erntet im Oktober. Die frisch geschnittenen Blätter werden im Gefrierschrank einige Tage gelagert und können dann wie gewohnt zubereitet werden.

*Grünkohl ist ein echtes Wintergemüse und wird nach dem ersten Frost geerntet.*

# Der Gemüsegarten im Herbst

### Kohlrabi
Um im Herbst ernten zu können, pflanzt man im Juli aus. Als Starkzehrer steht Kohlrabi dann als Nachfrucht nach schnell wachsenden Schwachzehrern. Das Nährstoffbedürfnis ist zwar hoch, allerdings erhöht zu viel Stickstoff den Nitratgehalt in der Knolle. Erntereif sind Kohlrabi von September bis November.

### Rosenkohl
Wie der Grünkohl ist auch der Rosenkohl winterhart. Er wird im Mai oder Juni gepflanzt. Geerntet werden kann erst etwa zwanzig Wochen später, also zum Ende des Herbstes oder zum Beginn des Winters.

### Rot- und Weißkohl
Rot- und Weißkohl unterscheiden sich optisch durch die unterschiedliche Farbe zwar sehr stark, sind aber, was ihre Kultur betrifft, vollkommen gleichzusetzen. Bei beiden Kohlarten gibt es frühe, mittelfrühe und späte Sorten. Rot- und Weißkohl sind Starkzehrer und benötigen einen gut mit Nährstoffen angereicherten Boden. Die Jungpflanzen werden in der ersten Aprilhälfte in ein Frühbeet gepflanzt. Alternativ können Sie auch Setzlinge kaufen und diese direkt ins Freiland setzen. Die Kulturzeit der einzelnen Sorten variiert sehr stark. Bei einigen beträgt sie zehn, bei anderen dagegen zwanzig Wochen. Rot- und Weißkohl kann man bis in den Spätherbst ernten. Leichter Frost schadet den Pflanzen nicht.

### Wirsing
Der Wirsing wird wie Rot- und Weißkohl kultiviert und verträgt auch leichten Frost. Der sogenannte Adventswirsing bleibt sogar den ganzen Winter im Freiland und wird erst im Frühjahr geerntet.

### Chinakohl
Der Chinakohl ist ein typisches Herbstgemüse, denn er wird sehr

*Kohlrabi wird in mehreren Kulturen pro Jahr angebaut.*

*Wirsing wächst bei niedrigen Temperaturen und verträgt sogar leichte Fröste.*

spät ausgesät, meist erst in der Zeit zwischen Mitte Juli und Anfang August. Als Nachkultur-Pflanze ist er aus diesem Grund bestens geeignet. Geerntet wird im Oktober. Der Chinakohl verträgt leichte und mittelstarke Fröste problemlos. Erst bei Temperaturen unterhalb von –15 °C muss man die Pflanzen komplett abernten. Chinakohl sollte grundsätzlich zur herbstlichen Nachkultur gehören. Als Vorkultur eignen sich beispielsweise Frühkartoffeln sehr gut.

**Kürbis**
Die meisten unserer Kürbispflanzen stammen aus Südamerika, nach des-

*Der Herbst ist Kürbiszeit: oben diverse Zierkürbisse, unten Speisekürbisse.*

## Der Gemüsegarten im Herbst

### Speisekürbisse in allen Variationen

| Bezeichnung | Sorte |
| --- | --- |
| Riesenspeisekürbis | 'Riesenmelone', 'Gelber Zentner', 'Roter Zentner' |
| Hokkaidokürbis | 'Red Kuri F1', 'Nutty Delicia F1', 'Golden Debut F1' |
| Turbankürbis oder Minibischofsmütze | wird unter dieser Bezeichnung angeboten |
| Butternuss- oder Melonenkürbis | 'Early Butternut Hybrid' |
| Schlangenkürbis | 'Tromboncino d'Albenga' |
| Muskat- oder Moschuskürbis | 'Muskat de Provence' |
| Mini- oder Liliputanerkürbis | 'Small Sugar', 'Baby Boo' |
| Garten- oder Speisekürbis | viele interessante Sorten |
| Rondini | 'Rond de Nice', 'Tonda di Nizza' |

sen Entdeckung sie nach Europa kamen. Hier kannte man vorher nur den aus Afrika stammenden Flaschenkürbis. Heute werden Kürbisse so intensiv gezüchtet, dass es mittlerweile über 800 namentlich bekannte Sorten gibt. Die meisten aktuellen Züchtungen stammen aus Amerika und Neuseeland, einige bekannte jedoch auch aus Japan.

Für den Gärtner sind die botanischen Unterteilungen der Kürbispflanzen in Arten und Sorten eher verwirrend. Wichtig ist dagegen die Unterteilung in Speise- und Zierkürbisse sowie in Sommer- und Winterkürbisse. Was bei uns landläufig als Kürbis bezeichnet wird, sind die Winterkürbisse.

'Roter Zentner' ist ein exzellenter Speisekürbis (gut für Suppen).

Zu den Sommerkürbissen zählt beispielsweise die Zucchini.

Die Erntezeit der Winterkürbisse beginnt erst im Herbst. Ob ein Win-

Die Sorte 'Bischofsmütze' wird für Suppen und zum Backen genommen.

terkürbis reif ist, erkennen Sie an der harten Schale und an dem trockenen Stielansatz. Sie lassen sich gut lagern und können bei optimalen Bedingungen sogar bis ins Frühjahr

'Wee-B-Little' wird als Speisekürbis, aber auch zum Basteln verwendet.

Halloween-Kürbisse wurden speziell zum Schnitzen gezüchtet.

'Butternut' eignet sich für Rohkost sowie zum Kochen und Backen.

'Uchiki Kuri' ist ein Hokkaido-Kürbis mit ausgezeichnetem Geschmack.

'Sweet Dumpling' – besonders zum Füllen und Backen geeignet.

hinein verwendet werden. Der Kürbis lässt sich sehr vielseitig nutzen. Das Fruchtfleisch der meisten Sorten ist essbar, aber auch die Samen werden als Lebensmittel verwendet, vor allem für die Herstellung von Kürbiskernöl.

Zu den beliebtesten Speisekürbissen gehören die Hokkaido-Sorten, die sich besonders vielseitig verwenden lassen.

'Indian Mix' ist ein Flaschenkürbis.

## Zucchini

Die mitunter auch als Gartenkürbis bezeichnete Zucchini wird bei deutschen Gartenbesitzern immer beliebter. Die Pflanze braucht einen humosen Boden und viel Sonne, ansonsten ist sie aber sehr pflegeleicht und bringt hohe Ernten. Hat man im April keine Jungpflanzen vorgezogen, erfolgt die Direktsaat im Mai.

Schon sechs bis acht Wochen später kann zum ersten Mal geerntet werden. Man sollte die Früchte nicht zu groß werden lassen, denn jung und zart schmecken sie am besten. Optimal ist eine Länge von 15 bis 20 cm. Das rasche Abernten der jungen Früchte hat zudem den Vorteil, dass die Pflanze angeregt wird, mehr neue Blüten und so auch neue Zucchini auszubilden. So können Sie auch im Herbst noch ernten.

*Lassen Sie Zucchini nicht zu groß werden – sie werden dann hart.*

## Mangold

Wer in seinem Garten Mangold anbaut, entscheidet sich meist für den Blattmangold, dessen Blätter genauso wie Spinat verwendet und zubereitet werden. Etwas weniger bekannt, aber nicht minder attraktiv ist der sogenannte Stielmangold, der auch als Krausstiel bezeichnet wird. Die festen Teile der Pflanze kann man ähnlich wie Spargel zubereiten. Mangoldpflanzen mögen Sonne, kommen aber auch mit einer halbschattigen Lage zurecht.

Eine Vorbereitung des Bodens mit organischem Dünger oder Kompost ist anzuraten. Mineraldünger sollte man aufgrund des hohen Stickstoffgehalts nicht einsetzen, denn er erhöht den Nitratgehalt des Gemüses.

Die Aussaat von Blatt- und Stielmangold erfolgt zwischen April und Juli. Geerntet werden kann nach acht bis zehn Wochen. Da die Pflanzen nach dem Abschneiden der Blätter wieder nachwachsen, sind mehrere Erntegänge möglich.

### Tipp

Mangold gibt es heute in verschiedenen Farben mit roten, gelben und weißen Stielen. Im Ziergarten kann er deshalb auch als herbstlicher Farbtupfer eingesetzt werden.

## Möhre

Man kann sagen, dass Möhren unser wichtigstes Gemüse sind. Mittlerweile gibt es über 300 Sorten in Europa, die je nach Kulturdauer beziehungsweise Erntezeitpunkt in frühe, mittelfrühe und späte Sorten eingeteilt werden. Die Spätmöhren werden auch als Lagermöhren bezeichnet, denn sie halten sich erheblich länger als die früheren Sorten.

Möhren benötigen einen lockeren Boden ohne Steine, damit die verdickte Pfahlwurzel gerade wachsen kann. Bei zu dichter Saat können sich die Wurzeln ineinander verschlingen, was ebenfalls nicht wünschenswert ist.

Der Gemüsegarten im Herbst | 85

### Markiersaat

Es dauert eine ganz Weile, je nach Bodentemperatur, bis die Samen keimen und aufgehen. Es lohnt sich deshalb, eine Markiersaat mit Radieschen durchzuführen. Sie keimen schneller, sodass man bald die Reihen erkennen kann. Beim Unkrauthacken ist das von Vorteil.

*Wenn Möhren reif sind, wird das Kraut gelblich und knickt um.*

*Das Gemüse kann für den Winter in Mieten eingelagert werden.*

Die späten Sorten haben Kulturzeiten von 170 bis 200 Tagen und werden zwischen März und April ausgesät.

Empfehlenswerte Lagermöhren sind: 'Berlikumer', 'Lange rote Stumpfe ohne Herz', 'Rothild', 'Rote Riesen', 'Flakker', 'Lobbericher Gelbe'.

Sorten, die für die Lagerung im Winter gedacht sind, sollten Sie so lange wie möglich auf dem Beet stehen lassen. Vor den ersten Frösten werden sie dann an einem milden Tag geerntet.

### Salate für jeden Geschmack

Gerade bei Salat und anderem Blattgemüse ist es wichtig, dass der Weg vom Feld bzw. vom Beet bis auf den Teller nicht zu lang ist, damit die Pflanzen nichts von ihrer Frische und Knackigkeit einbüßen. Am besten schmeckt Salat, wenn man mit seinem frisch geernteten Salatkopf geradewegs in die Küche gehen und ihn dort zubereiten kann. Neben dem bekannten Kopfsalat ist heute ein breites Spektrum verschiedenster Salatsorten erhältlich, die sich alle für den Gartenanbau eignen. Zu nennen sind hier beispielsweise der Schnittsalat und der Eissalat.

*Kopfsalat wächst das ganze Jahr.*

*Fleischkraut oder Zuckerhut ist mit der Endivie verwandt.*

*Kopfbildung*

*Eichblattsalat*

*Lollo Rosso*

*Roter Kopfsalat*

*Bataviasalat*

*Endivie*

## Tomate

In Bezug auf die Vielfältigkeit sind Tomaten wohl von keinem anderen Fruchtgemüse zu übertreffen. Nachdem in früheren Zeiten vor allem die Größe entscheidend war, legt man heute wieder viel mehr Wert auf den Geschmack – und da gibt es gerade auch bei älteren Sorten wahre „Aha-Erlebnisse".

Die Kultur von Tomaten ist nicht immer ganz einfach, aber durchaus reizvoll, vor allem, weil das Angebot an verschiedenen Züchtungen heute sehr groß ist. Bei vorgezogenen Pflanzen beschränkt es sich meist auf die wenigen gängigen Marktsorten. Ausgefallenere Sorten müssen Sie als Samen kaufen und selbst anziehen.

Tomatenpflanzen brauchen sehr viel Sonne und Wärme. Ideal ist eine Kultur im Gewächshaus oder unter einem transparenten Dach. Eine solche Dachkonstruktion ist vor allem in niederschlagreichen Sommern von Vorteil, da die Tomate zu viel Regen leicht übel nehmen kann: Faule Früchte sind die Folge. Der Boden sollte sehr nährstoffreich sein. Da die Tomate keinen Frost verträgt, darf sie erst ab Mitte Mai ins Freiland. Es ist übrigens gleich, ob Sie sich für Stab- oder Buschtomaten entscheiden – einen Holzpfahl oder Spiralstab, an dem Sie die Pflanze hochbinden, brauchen Sie in jedem Fall.

Von der Aussaat bis zur Ernte vergehen bei Tomatenpflanzen in der Regel 10 bis 16 Wochen. Die Erntezeit erstreckt sich dann meist bis Ende September. Tragen Ihre Pflanzen zum Herbstbeginn noch unreife Früchte, so können Sie auch diese abernten und an einem dunklen Ort bei 15 bis 20 °C nachreifen lassen.

*Tomaten sollten nur vollreif geerntet werden. Grüne Stellen immer abschneiden.*

*Zierliche Johannisbeertomaten*

*Eiertomaten sind in Italien beliebt.*

*Zum Schutz vor Braunfäule kann man Tomaten überdachen.*

# Der Gemüsegarten im Herbst

*Winterporree wird im Juni gesät und wächst bis zum Frost.*

## Porree

Auch beim Porree oder Lauch gibt es spezielle Sorten, die für die Ernte im Herbst geeignet sind: 'Amundo', 'Carentan', 'Ducal' und 'Elefant' können von Ende September bis Dezember geerntet werden. Achten Sie beim Kauf von Samen oder vorgezogenen Pflanzen unbedingt auf die Winterhärte.

Darüber hinaus gibt es aber auch Wintersorten. Am einfachsten ist es, vorgezogene Pflanzen im Mai bis Juni zu setzen. Neben einer guten Wasserversorgung liefert der Anbau auf tiefgründigem Boden beste Ernten. Da ein weißer Schaft bevorzugt wird, sollten man tief pflanzen und ab Mitte bis Ende Juli die Stangen immer wieder anhäufeln.

## Zwiebeln

Zwiebel ist nicht gleich Zwiebel – das sollte beim Einkauf der Steckzwiebeln klar sein. Es gibt nämlich Lauch-, Silber- und Gemüsezwiebeln, die man noch in Sommer- und Winterzwiebeln unterteilt. Zeitlich gestaffelt angebaut, kann man das ganze Jahr über ernten.

Es gibt verschiedene Herbst- und Winterzwiebelsorten, die im Herbst und Winter geerntet werden können. Man steckt die Saatzwiebeln dafür im Juli/August idealerweise in lockeren und durchlässigen Boden; harter lehmiger Boden eignet sich für den Anbau der Zwiebel nicht. Die Ernte der Frühsaaten kann man im August oder September in Angriff nehmen. Optimal ist es, wenn Sie mit dem Abernten warten, bis das Laub der Zwiebeln welk geworden ist. Dann haben sie die richtige Reife erreicht, um eingelagert zu werden. Wer im Sommer Winterzwiebeln ausgesät hat, kann im Folgejahr ab Mai ernten.

Vor dem Einlagern im Keller lässt man die späten Zwiebeln vor Regen geschützt gut abtrocknen.

## Der neue Trend: Ziergemüse

Die meisten Gärtner trennen zwischen Blumen- und Nutzgarten, was auch durchaus sinnvoll ist. Seit einigen Jahren verschlägt es aber immer mehr Gemüsepflanzen in die Blumenbeete. Der neue Trend nennt sich Ziergemüse. Gemüsepflanzen, und dazu zählen in erster Linie Kohlgewächse, werden bewusst so gezüchtet, dass sie eine besonders attraktive Farbe und Blattform entwickeln. Der sogenannte Zierkohl ist verwandt mit dem Federkohl und fasziniert vor allem aufgrund seiner filigranen Blattform.

Die dekorativen Kohlpflanzen sind übrigens ebenfalls essbar, als Nutzpflanze sollte man jedoch die gängigen Gemüsesorten bevorzugen. Der Clou am Ziergemüse ist, dass die farbenfrohen Pflanzen sich gerade dann voll entfalten, wenn die Sommerblumen in ihren Beeten verblüht sind. Da der Zierkohl auch leichten Frost verträgt, kann er den ganzen Winter hindurch das Beet schmücken und so ein wenig Farbe in die ansonsten etwas triste Winterzeit bringen.

Will man den Zierkohl selbst durch Aussaat heranziehen, so muss diese im Frühjahr erfolgen. Pflanzen dagegen setzt man im Herbst ins Beet.

Zierkohl, buntblättriger Mangold & Co. eignen sich nicht nur zur Verschönerung der Gartenbeete. Einzeln geerntete Blätter lassen sich auch hervorragend als Plattendekoration bei einem winterlichen Festmahl verwenden.

*Eine dekorative Mischung aus Zierkohlsorten und Mangold*

Der Gemüsegarten im Herbst

# Kräuter für Leib und Seele

Im Herbst haben die meisten Gartenkräuter Hochsaison. Jetzt ist auch die richtige Zeit, um Vorräte für den Winter anzulegen.

Ist Ihr Garten groß genug, sollten Sie auf keinen Fall auf die Anlage eines Kräuterbeets verzichten. Im Gegensatz zum Gemüsegarten macht das Kräuterbeet, ist es einmal angelegt, nicht sehr viel Arbeit. Vom Frühjahr bis in den späten Herbst hinein können Sie Ihre zubereiteten Speisen mit schnittfrischen Küchenkräutern würzen. Und im Winter kommen dann die getrockneten oder eingefrorenen Vorräte zum Einsatz. Mit der richtigen Planung sind Sie also das ganze Jahr mit Kräutern versorgt.

# Kräuter für Leib und Seele

*Kräuter sind nützlich, aber auch schön und in duftenden Sträußen ebenso verwendbar wie in der Küche.*

Das Kräuterbeet sollte im Garten einen etwas exponierten Standort haben, denn die meisten Pflanzen brauchen sehr viel Sonne. Ideal ist eine sogenannte Kräuterspirale, die Sie im Winter anlegen können, um sie in der kommenden Saison zu bepflanzen.

Ein Kräuterbeet in Szene zu setzen, lohnt sich in jedem Fall. Denn die meisten Pflanzen sind nicht nur nütz-

### Würzen und Heilen

Kräuter kann man zum Würzen von Speisen verwenden, viele haben aber auch eine heilende oder vorbeugende Wirkung. Am bekanntesten sind Kamille, Pfefferminze, Thymian und Salbei, die bei Magenverstimmungen und Erkältungen gute Dienste leisten. Es lohnt sich, die Kräuter zu trocknen, um bis zur nächsten Ernte immer etwas für einen Tee oder zum Würzen parat zu haben. Längere Anwendungen sollten Sie aber immer mit Ihrem Arzt absprechen.

*Wuchern die Kräuter zu stark, muss man Sie durch Rückschnitt im Zaum halten. Sonst nehmen sich die Pflanzen gegenseitig Sonne und Nährstoffe weg.*

Kräuter für Leib und Seele | 95

> **Tipp**
>
> Auch für Kinder kann ein Kräuterbeet interessant sein, weil so viele Sinne gleichzeitig angesprochen werden. Hier können Eltern ihnen in Ruhe erklären, wie die einzelnen Pflanzen heißen und wozu man sie verwenden kann.

lich, sie sind auch meist schön anzusehen und duften verführerisch.

Zum erholsamen Aufenthalt im Garten kann es auch gehören, hier und da im Kräuterbeet ein Blatt abzuzupfen und mit dem intensiven Kräuteraroma die Nase zu verwöhnen.

## Kräuterauswahl

Welche Kräuter Sie im Garten anbauen, liegt selbstverständlich in Ihrem eigenen Ermessen. Folgende Fragen können Ihnen aber helfen, die richtige Auswahl zu treffen:

- Wie viele Personen leben im Haushalt?
- Welche Kräuter mögen alle Hausbewohner?
- Was für Gerichte werden bevorzugt gekocht?
- Gibt es häufig Erkältungen oder Magenverstimmungen?

Die Kräuterernte der meisten Pflanzen beginnt im Frühsommer. Man erntet dann immer gerade so viel wie benötigt wird. Haupternten sind aber häufig kurz vor oder während der Blüte, denn zu diesem Zeitpunkt sind am meisten Inhaltsstoffe vorhanden. Werden die Pflanzen, z. B. Pfefferminze, dann abgeschnitten, gibt es im Herbst noch einmal eine zweite Erntezeit. Bei Kräutern wie Majoran, Schnittlauch oder Petersilie ist im September/Oktober Haupterntezeit. Viele Gartenbesitzer sehen sich vor dem Problem, dass Sie in Ihrer Küche dann gar nicht alles verwerten können, was herangewachsen ist. Über die Vorratshaltung sollte man sich also rechtzeitig Gedanken machen.

Die wichtigsten Vertreter der Kräuterküche und wozu man sie verwenden kann, werden auf den folgenden Seiten kurz vorgestellt.

### Basilikum

Das Basilikum hat sich bei uns, vor allem durch den Einfluss der italienischen Küche in den letzten Jahren zu einer wahren Trendpflanze entwickelt. Das einjährige Kraut wird im Mai ausgesät und kann von Juni bis November geerntet werden.

Man verwendet Basilikumblätter meist frisch zu Tomaten oder im Salat, beliebt ist aber auch die Herstellung von Pesto, einer italienischen Basilikumsoße, die man zu Nudelgerichten isst. Kleingeschnitten und in Öl eingelegt lässt sich Basilikum auch konservieren und so im Winter verwenden.

*Trendgewächs Basilikum*

*Auch ein Hingucker – blüht das Basilikum, ist er eine Zierde fürs Kräuterbeet.*

## Bohnenkraut

Neben dem einjährigen (Sommer-)Bohnenkraut gibt es auch eine mehrjährige Schwester, die sich im Kräuterbeet gut macht und ganzjährig geerntet werden kann. Das einjährige Kraut sät man im Mai direkt ins Freiland aus und kann dann von Juni bis September ernten. Es eignet es sich vor allem als Würzzugabe zu Bohnengerichten, bei denen es als Geschmacksverstärker wirkt. Darüber hinaus hilft es, die schweren Bohnengerichte besser zu verdauen. Bei anderen Gerichten sollten man Bohnenkraut, wenn überhaupt, nur sehr sparsam verwenden, da es sehr intensiv im Geschmack ist.

*Das Bohnenkraut wird in der Küche aufgrund seines sehr kräftigen Geschmacks nur sparsam eingesetzt.*

## Borretsch

Im Mai kann man den einjährigen Borretsch ins Freiland aussäen. Die

*Detailansicht der Borretschblüte*

Pflanzen brauchen Sonne, sind aber auch mit Halbschatten zufrieden und gedeihen bei etwas kühleren Temperaturen besser als bei großer Hitze. Blätter und Blüten des Borretsch kann man bis in den November ernten. Die Blätter eignen sich zum Würzen von Salaten sowie Fisch- und Geflügelgerichten. Sie sind im Geschmack gurkenähnlich. Die Blüten lassen sich gut kandieren und zur Verzierung von Nachspeisen verwenden.

**Dill**

Der Dill gehört bei uns zu den beliebtesten Küchenkräutern. Nach dem letzten Frost kann man den Dill ins Freiland aussäen, mit der Vorkultur kann man bereits fünf Wochen früher beginnen. Die Pflanzen sind einjährig, säen sich aber leicht selbst aus, sodass sie im Folgejahr auf geeignetem Boden wieder aus der Erde sprießen.

Dillpflanzen brauchen sehr viel Sonne und stets einen feuchten Boden. Wenn die Pflanzen eine Höhe von etwa 15 cm erreicht haben, kann zum ersten Mal geerntet werden. Ist der Dill noch jung und will man ihn zum direkten Verbrauch ernten, schneidet man am besten einzelne Blätter ab.

Möchte man dagegen Vorräte anlegen, indem man Dill trocknet, sollte man warten, bis die Pflanzen kurz vor der Blüte stehen und dann ganze Stängel abschneiden. Zum Trocknen hängt man den Dill kopf-

*Dill wird in der Küche sehr häufig eingesetzt.*

über auf und streift später die Blätter vorsichtig von den Stängeln ab. Dill kann in der Küche sehr vielfältig eingesetzt werden. Er passt zu Suppen und Dressings, Fisch, Geflügel und vielem mehr.

### Liebstöckel

Liebstöckel, auch als Maggikraut bekannt, ist ein Allround-Würzer. Die mehrjährige Pflanze wird bis zu 2 m hoch und bevorzugt einen halbschattigen Standort. Gekaufte oder selbst gezogene Pflanzen kann man im Frühsommer in den Garten setzen. Während der ganzen Gartensaison kann geerntet werden. Mit dem Trocknen sollte man besser warten, bis die Pflanzen kurz vor der Blüte stehen.

Der stark würzig schmeckende Liebstöckel verfeinert eine Vielzahl an Speisen.

### Melisse

Die Melisse wird aufgrund ihres zitronenähnlichen Dufts auch oft als Zitronenmelisse bezeichnet. Sie ist winterhart, mehrjährig und wird bis zu 60 cm hoch. Die Aussaat ins Frei-

*Der stark würzig schmeckende Liebstöckel verfeinert eine Vielzahl an Speisen.*

*Die Melisse wird aufgrund ihres zitronenartigen Aromas auch oft als Zitronenmelisse bezeichnet.*

land kann bereits zwei Wochen vor dem letzten Frost erfolgen. Die Ernte ist während der gesamten Saison möglich. Blätter zum Trocknen schneidet man kurz vor der Blüte ab. Frisch verwendet man die Melisse zur Verfeinerung von Salaten und Soßen, Gemüse, Geflügel und Fisch, getrocknet wird die Melisse gern als Teekraut genutzt.

### Petersilie

Kaum ein Kraut ist so vielseitig einsetzbar wie die Petersilie, die es in krauser und glatter Form gibt. Am einfachsten ist es, vorgezogene Pflanzen zu kaufen, denn Petersilie keimt sehr langsam. Sie können die Blätter bis in den Herbst hinein frisch ernten. Vor den ersten Nachtfrösten schneidet man dann das ganze Kraut, um es kleingeschnitten portionsweise einzufrieren.

### Pfefferminze

Die Pfefferminze ist die bekannteste Sorte der Minze. Minzpflanzen sind winterhart und mehrjährig. Sie werden bis zu 1 m hoch. Will man Minze kultivieren, kauft man am besten Pflanzen, die man im Frühjahr oder

Kräuter für Leib und Seele | 101

Glattbättrige Petersilie (oben) und krausblättrige Petersilie im Herbst (unten)

*Als Würz- und als Heilpflanze (in Form von Tee) beliebt – die Pfefferminze*

Sommer ins Beet setzt. Ein halbschattiger Standort ist ideal. Sind die Pflanzen 15 cm hoch, kann zum ersten Mal geerntet werden. Die Pfefferminze eignet sich in frischer oder getrockneter Form zur Verzierung von Desserts und zur Zubereitung von Tees.

### Rosmarin

Der Rosmarin gehört zu den Klassikern unter den Gewürzen und sollte in keinem Kräuterbeet fehlen. Erkundigen Sie sich beim Kauf nach der Winterhärte, denn hier gibt es einige Unterschiede innerhalb der Sorten.

Ab Mitte Mai wird an einem sonnigen Ort ausgepflanzt; kurze Zeit später kann man schon mit der Ernte beginnen. Rosmarin passt zu vielen Fleischgerichten, z. B. Schwein, Lamm, Geflügel, aber auch zu Fisch und vielen Gemüsesorten.

### Salbei

Der Salbei ist ein mehrjähriger winterharter Halbstrauch, der bis zu 1 m hoch werden kann. Vorgezogene Pflanzen kann man nach den Eisheiligen ins Freiland setzen.

Mit der Ernte für den Wintervorrat sollten Sie frühestens Mitte August beginnen.

Salbei passt zu vielen Fleischgerichten und zu Gemüse. Getrocknet kann er als Teeaufguss bei Erkrankungen des Rachenraums eingesetzt werden.

*Rosmarinpflanzen können bei nicht zu starken Winterfrösten zu riesigen Sträuchern heranwachsen.*

# Kräuter für Leib und Seele

## Schnittlauch

Zur Grundausstattung der Kräuterküche gehört der Schnittlauch. Er findet vor allem bei der Zubereitung von Salaten Verwendung, passt aber auch gut zu Suppen, Eierspeisen oder Fischgerichten.

Aussaat und Auspflanzen sind möglich. Vor dem Winter können Sie die Pflanzen ausgraben und eintopfen. Auch auf der Fensterbank liefert er noch einige Ernten für verschiedene Gerichte.

*Salbei gibt es in verschiedenen attraktiven Färbungen: Purpursalbei (oben), Buntsalbei (Mitte) und Goldsalbei (unten).*

*Der Schnittlauch ist Küchenstammgast.*

*Wird nicht rechtzeitig geschnitten, entwickelt Schnittlauch lilafarbene Knospen und Blüten – es lohnt sich immer, einige*

*Pflanzen stehen zu lassen.*

# Der Obstgarten im Herbst

Wenn die ersten Äpfel vom Baum gepflückt werden können, ist der Herbst nah. Die Zeit der Ernte und des Genießens beginnt.

*Ein guter Herbst beschert eine reiche Apfelernte.*

# Der Obstgarten im Herbst

Obst darf in einem Nutzgarten nicht fehlen. Einmal angepflanzt, benötigen die Bäume und Sträucher zwar eine gewisse Pflege in Form von Schnitt, Düngung und Bodenabdeckung, sie müssen aber nicht jährlich neu angepflanzt oder ausgesät werden. Wenn die Erntezeit beginnt, gibt es nichts Schöneres, als durch den Garten zu gehen und hier und da vom Strauch oder Baum zu naschen. Das macht nicht nur Kindern Spaß.

Mittlerweile gibt es Bäume und Sträucher in allen Größen und sogar im Topf für Balkon und Terrasse – so muss niemand auf die gesunden Naschereien verzichten und kann seine Lieblingsfrüchte auch auf dem Balkon in der Stadt frisch ernten. Da Obstgehölze nicht so schnell wachsen wie manches Gemüse, ist das Experimentieren mit Sorten nicht empfehlenswert. Lassen Sie sich in einer Baumschule beraten oder informieren Sie sich bei Gartenakademien und Landwirtschaftsämtern.

Nachdem lange Zeit auf Exotisches Wert gelegt wurde, nimmt man jetzt wieder die heimischen Obstgehölze wahr, die regional aufgrund des besonderen Klimas und der Bodenverhältnisse beste Ernten bringen.

Natürlich wachsen mancherorts auch Zitronen und Bananenstauden, aber es bedarf doch eines erhöhten Pflegeaufwandes, um die Pflanze im Garten oder auf der Terrasse zum Blühen und Fruchten zu bringen.

Immer interessanter wird auch das Wildobst. Kornelkirsche, Holunder und Schlehe sind voll gesunder Inhaltsstoffe, pflegeleicht und lassen sich auch in einer Wildobsthecke gut unterbringen. Als attraktive Gartengrenze können Sie mit einer solchen Hecke gleich dreifach punkten: Sie sieht schön aus, man kann gesunde Früchte ernten und Wildgehölze bieten vielen Tieren Nahrung und Unterschlupf.

*Südlicher Charme durch intensives Gelb von Früchten und Blüten*

## Grundsätzliches

Obst wird in vier verschiedene Gruppen unterteilt:

- *Kernobst:* Die Samen liegen in einem fünfkammerigen Kerngehäuse und sind umgeben von einem vergrößerten Blütenboden (z. B. Äpfel, Birne, Quitte, Mispel).

- *Steinobst:* Der Samen ist als Steinfrucht ausgebildet, die äußere Fruchtwand ist fleischig (Pfirsich, Aprikose, Pflaume, Mirabelle, Kirsche).

- *Nüsse:* Der Samen ist essbar und umgeben von einer harten Schale (Haselnuss, Walnuss, Esskastanie).

- *Beerenobst:* Saftreiche Früchte, die viele Samen im Fruchtfleisch haben. Die meisten Beerensträucher reifen im Sommer. Für die Herbsternte bestens geeignet sind allerdings zweimal tragende Himbeeren.

Mehr noch als beim Gemüse muss bei der Auswahl von Obstgehölzen darauf geachtet werden, dass sie an den Standort passen, Boden, Lichtverhältnisse und Temperaturen ihnen zusagen. Klären Sie diese wichtigen Bedingungen in einer Baumschule in Ihrer Region ab. Es nützt nämlich nichts, sich im Katalog besonders reichtragende Gehölze auszusuchen, die im eigenen Garten dann vor sich hin kümmern.

Nicht zu unterschätzen ist außerdem die Unterlage, auf der die Kultursorte veredelt wird.

Lassen Sie sich hier gut beraten, denn die Unterlage ist für die Größe, die Fruchtreife und vieles andere verantwortlich.

*Ernten macht auch Kindern Spaß.*

## Pflanzung und Pflege

Gepflanzt werden Obstgehölze am besten von Oktober bis November. Es empfiehlt sich, bereits einige Wochen vor der Pflanzung das Loch auszuheben und bereits einen Stützpfahl zu setzen. Den Erdaushub vermischt man mit Kompost oder gut verrottetem Stallmist und füllt ihn dann locker wieder in die Grube.

Nach dem Pflanzschnitt bei wurzelnackten Gehölzen sollte man die Wurzeln des Gehölzes in einen dünnflüssigen Lehmbrei einschlämmen, das vorbereitete Loch wieder ausheben und die Pflanze einsetzen. Wenn Wühlmäuse das Gärtnerleben zur Qual machen, setzen Sie die Wurzeln vor der Pflanzung in einen Drahtkorb. Wichtig ist, dass die Veredelungsstelle unterhalb der Erdoberfläche liegt. Aufgefüllt wird mit der vorbereiteten Erde, die dann vorsichtig gut festgetreten wird. Binden Sie den Baum nun am Stützpfahl fest. Auf keinen Fall darf ein gutes Wässern des Baumes oder Strauches direkt nach der Pflanzung vergessen werden.

Nützlich ist es, die Baumscheiben mit Flachwurzlern oder Einjährigen wie der Kapuzinerkresse zu bepflanzen oder einen Mulch aufzubringen, damit der Boden nicht so stark austrocknet.

Als weitere Pflegemaßnahmen gelten die Krankheits- und Schädlingskontrolle sowie ständiges Durchpflücken während der Ernte. Faules Obst muss rasch entfernt und vernichtet werden, damit die anderen, gesunden Früchte nicht befallen werden.

### Wurzelnackt oder Containerpflanze

Viele Obstgehölze werden wurzelnackt angeboten, bei diesen ist eine Pflanzung im Herbst oder frühen Frühjahr wichtig. Containerpflanzen sind teurer, können aber ganzjährig gepflanzt werden. Beachten Sie aber den anfänglich hohen Wasserbedarf. Wird im Sommer gepflanzt, muss täglich gewässert werden, damit der Baum oder Strauch überhaupt anwachsen kann.

*Kranke Früchte müssen aufgelesen und entfernt werden.*

### Tipp

Wer wenig Platz hat, kann sich auch auf Spalierobst spezialisieren. Die Ernte ist hier besonders einfach. Spaliere können an sonnigen Hauswänden gezogen werden oder als Gartenteiler fungieren.

Höheren Arbeitsaufwand bereitet allerdings das Erziehen und Schneiden.

Schnittmaßnahmen sollten bei Obstgehölzen jährlich durchgeführt werden und sind bei den einzelnen Arten aufgeführt oder im Kapitel „Schnitt- und Pflanzzeit".

## Obstporträts

Ab Juni gibt es Schwarze und Rote Johannisbeeren und Kirschen zu ernten, im Juli und August können wir uns an Aprikosen, Himbeeren, Pfirsichen, ersten Äpfeln, Birnen und Pflaumen erfreuen.

In den folgenden Porträts finden Sie nun Obstsorten, die überwiegend im Herbst geerntet werden. Möglicherweise werden erste Früchte im Spätsommer reif, die Haupternte liegt jedoch im September und Oktober.

### Apfel

„Wenn ich wüsste, dass morgen die Welt untergeht, würde ich heute noch ein Apfelbäumchen pflanzen!" In diesem Martin Luther zugeschriebenen Zitat liegt alle Bedeutung des Apfels für unseren Kultur-

*Ein lieber Herbstgruß:*
*ein Korb voll rotbackiger Äpfel*

## Der Obstgarten im Herbst

| \ Empfehlenswerte Apfelsorten | | |
|---|---|---|
| **Sorte** | **Reife** | **Besonderheiten** |
| 'Santana' | Anfang/Mitte September | schorfresistent, Geschmack süß-säuerlich, für bessere Lagerfähigkeit nicht zu spät ernten |
| 'Rebella' | ab Mitte September | süß mit leichter Säure, sehr zuverlässig |
| 'Resi' | ab September | kleiner, rotbackiger, saftig-süßer Pausenapfel mit feinem Aroma, schwacher Wuchs |
| 'Florina' | ab Anfang Oktober | dunkelrot und bläulich bereift, süß, mehltauanfällig |

kreis. Und tatsächlich gibt es kaum einen Nutzgarten ohne Apfelbaum und man kommt schnell in Versuchung, ihn als europäische Pflanze zu bezeichnen. Dennoch stammt der Apfelbaum aus Kleinasien und wurde von den Römern mit nach Europa gebracht. Dass er sich bei uns so gut integriert hat, liegt an unserem Klima mit gemäßigten Temperaturen, kalten Wintern und höheren Niederschlägen. Züchterisch wurde der Apfel aufgrund seiner Beliebtheit intensiv bearbeitet, sodass heute etwa 500 Sorten zur Verfügung stehen. Als Winter- und Lageräpfel besonders empfehlenswert sind die Sorten 'Topaz' und 'Rewena'. 'Topaz' schmeckt saftig-süß mit frischer Säure und ist aromatisch bis würzig. 'Rewena' hat dagegen ein dezenteres Aroma, ist aber ebenfalls sehr saftig.

*Das vorsichtige Abnehmen der Äpfel vom Baum ist Garant für eine gute Lagerfähigkeit.*

# Der Obstgarten im Herbst

*Fallobst ohne größere Schädigungen muss schnell verarbeitet werden, denn es hält sich nicht lange.*

Sorten, die zum Einlagern vorgesehen sind, sollte man knapp vor der endgültigen Reife ernten. Wichtig ist das ständige Durchpflücken der Obstbäume und das Entfernen kranker Äpfel. Für kleine Gärten sind Ballerina- oder Säulenapfelbäume interessant. Sie passen ins Staudenbeet ebenso gut wie in die Obsthecke oder den Topf auf der Terrasse und haben neben dem Fruchtwert auch einen hohen Zierwert.

Außerdem sind die Schnittmaßnahmen bei diesen Bäumen geringer als üblich. 'Arbat', 'Red River' und 'Campanila'-Sorten sind besonders gut geeignet.

### Was bei der Apfelernte zu beachten ist

Häufig werden Äpfel schon frühzeitig abgeworfen. Ursache hierfür sind häufig Krankheiten oder Schädlinge. Um die Ausbreitung zu verhindern, muss Fallobst aufgelesen und entsorgt werden.

### Wichtige Kranheiten und Schädlinge beim Apfel:

- *Krankheiten:* Apfelschorf, Feuerbrand, Echter Mehltau, Obstbaumkrebs

- *Schädlinge:* Blutlaus, Apfelblattlaus, Apfelwickler

- *Milben:* Obstbaumspinnmilbe

Beim Pflücken fasst man die Frucht mit der ganzen Hand und dreht dann leicht, damit sich der Fruchtstiel löst.

Lagern Sie die Äpfel in Kisten mit dem Stiel nach unten in einem dunklen und kühlen Raum mit hoher Luftfeuchtigkeit und belüften Sie gut, damit eine lange Haltbarkeit garantiert ist.

### Birne

Viele Birnensorten werden im Sommer reif, es gibt aber auch Herbstsorten, die bis Anfang oder Mitte Oktober geerntet werden. Die frühen Sorten sind am besten für den Sofortverzehr geeignet, denn sie werden schnell weich. Nur Sorten, die ab Oktober reifen, sind bis zum Dezember hinein wirklich lagerfähig.

*Reifes Obst wird durch leichtes Drehen der Früchte vom Baum genommen.*

*Am besten halten Äpfel in Holzkisten. Es dürfen aber nicht zu viele übereinander liegen.*

*Sie zählt zu den edlen Obstsorten: die Birne.*

| Empfehlenswerte Birnensorten | | |
|---|---|---|
| Sorte | Reife | Besonderheiten |
| 'Gellerts Butterbirne' | Mitte bis Ende September | geringere Wärmeansprüche, schorfanfällig, starkwüchsig |
| 'Vereinsdechant' | Anfang Oktober | spätblühend, sehr aromatisch, starkwüchsig |
| 'Alexander Lucas' | Oktober | frühblühend, ertragreich, pflegeleicht, hängender Wuchs |
| 'Gräfin von Paris' | Mitte Oktober | frühblühend, nur für warme Lagen geeignet, essreif nach 4–6 Wochen Lagerung |

Birnen sind wärmebedürftiger als Äpfel und werden in einem rauen Klima nicht viel Ertrag bringen. Optimale Fruchtqualitäten entstehen an warmen Standorten, wenn die Unterlage eine Quitte ist.

### Quitte

Die ursprünglich aus dem Süden des Kaukasus stammenden Quitten sind über West- und Kleinasien nach Süd- und Südosteuropa gelangt. Wie viele andere Obstgehölze, z. B. Ap-

### Tipp

Lagern Sie die Quitten in Holzsteigen einzeln nebeneinander und legen Sie Holzwolle oder Papierschnipsel dazwischen, um eine optimale Lagerdauer zu gewährleisten. Auf diese Weise kann man Quitten, je nach Sorte, bis zum April aufbewahren.

*Quitten sind wieder salonfähig geworden.*

*Quitten zählen zu den Rosengewächsen.*

fel, Birne, Mispel und Weißdorn, zählt sie zu den Rosengewächsen. Quitten sind als Unterlage für Birnen sehr bekannt, in unseren Gärten sieht man sie dagegen nur selten, obwohl allein schon die große dekorative Blüte einen Zierwert hat. Je nach Form der Früchte unterscheidet man Apfel- und Birnenquitten, wobei ein Baum unterschiedliche Formen tragen kann. In Gegenden mit mildem Herbst reifen Ende September bis Oktober ansehnliche große Früchte, die durch ihr gelbes Äußeres Farbe in den Garten bringen. Ein wolliger Belag überzieht die Früchte, der aber bis zur Vollreife wieder ganz verschwindet.

## Quittengelee

*Zutaten*
1 kg Quitten
1 Stange Zimt
1 Sternanis
3 Nelken
1 kg Gelierzucker pro Liter Saft

*Zubereitung*
Die Quitten waschen, eventuell den noch wolligen Belag entfernen, und in Stücke schneiden.

Mit den Gewürzen zusammen in den Entsafter geben.

Je 1 l Saft mit dem Gelierzucker vermischen, aufkochen lassen und etwa drei Minuten sprudelnd kochen lassen.

Noch heiß in saubere Gläser mit Schraubverschluss füllen und verschließen.

## Zwetschgen und Pflaumen

Die beiden sind sehr eng verwandt und es fällt nicht ganz leicht, sie zu unterscheiden. Spätestens bei der Verwertung wird es aber deutlich, welche Eigenschaft jede Steinobstart hat.

Beide Bäume benötigen viel Feuchtigkeit, Sonne, Wärme und einen nährstoffreichen Boden. Im Frühjahr danken sie eine Gabe organischen Düngers mit reicher Ernte.

Leider sind diese Obstgehölze sehr krankheitsanfällig. Informieren Sie

*Zwetschge oder Pflaume – das ist hier die Frage?!*

> ### *Zwetschge oder Pflaume?*
>
> Zwetschgen sind oval und leicht vom Kern zu lösen, was beim Backen wichtig ist.
>
> Pflaumen sind eher zum Frischverzehr geeignet, denn sie sind weich, süß und saftig, von der Form her eher rund und lassen sich schlecht vom Stein lösen.

sich deshalb unbedingt nach der richtigen Sorte für Ihre Region.

Geerntet wird je nach Sorte ab August/September. Eine lange Lagerung ist nicht möglich, deshalb sollte man frische Früchte, Zwetschgenmus, Kuchen oder eingekochte Früchte mögen, denn ansonsten lohnt sich der Anbau im Garten nicht.

### Nüsse

Zur herbstlichen Ernte gehören auch die verschiedenen Nussfrüchte. In gemäßigten Klimazonen sind das überwiegend Walnüsse und Haselnüsse. In Hausgärten sind sie allerdings nur selten zu finden, vor allem die Walnuss wird sehr groß und benötigt viel Platz. Häufig findet man aber in der freien Natur Bäume und Sträucher. Die begehrten Früchte werden dann gern aufgesammelt.

Zur Lagerung sind Nussfrüchte bestens geeignet. Sie werden in Kisten in trockenen Räumen aufbewahrt und das ganze Jahr über verzehrt. Ihr gesundheitlicher Wert ist übrigens sehr hoch.

### Himbeeren

Überaus empfehlenswert für den herbstlichen Garten sind zweimal tragende Himbeeren, auch Herbsthimbeeren genannt.

Im Sommer tragen sie nur sehr wenige Früchte und blühen später als die frühen Sorten, was sie allerdings besonders interessant macht, denn sie werden nicht von Maden befallen und sind resistent gegen die Himbeerrutenkrankheit.

Ab September bis zu den ersten Frösten reifen dann große wohlgeformte und süß schmeckende Früchte, die unbesehen vom Strauch genascht werden können.

Empfehlenswerte Sorten sind 'Autumn Bliss', 'Golden Bliss' und 'Himbo-Top'.

### Rebsorten

Immer häufiger findet man in Gärten Traubenspaliere und tatsächlich ist das Sortiment an widerstandsfähigen Rebsorten recht hoch.

Vor allem in Weinbauregionen kann eine gute Ernte süßer Trauben garantiert werden, in weniger milden Gegenden verzögert sich die Reife

*Die Braunfärbung der Schale zeigt die beginnende Nussreife an.*

# Der Obstgarten im Herbst

*Bei milder werdendem Klima lohnt es sich, mit einem Weinstock im Garten einen Versuch zu starten.*

etwas. Mit zunehmender Klimaerwärmung dürften Trauben bzw. Wein immer attraktiver werden. Die Pflanzen haben eine enorme Kraft, deshalb sollten Sie unbedingt eine stabile Rankvorrichtung anbieten. Das Anleiten ist dann gar nicht so schwierig wie man denkt. Am besten holt man sich Rat bei Rebschulen, die auch über die passenden widerstandsfähigen Sorten Bescheid wissen. Problematisch bei Reben ist vor allem der Mehltau, eine Pilzkrankheit, die großen Schaden anrichten kann.

# Lagerung und Vorratshaltung

Was man zuerst als reichen Segen ansieht, wird manchmal zur Plage – wer kennt das nicht: So viele Zucchini, Kürbisse und Gurken, Äpfel und anderes Obst liegen zur Ernte bereit, aber wohin mit all den Erträgen?

Um diese Arbeitsspitzen im Garten etwas zu mildern, müssen Sie schon bei der Planung ansetzen:

- Säen und pflanzen Sie nur die Gemüse- und Obstsorten, die gern gegessen werden.

- Überlegen Sie sich, wann die verschiedenen Früchte geerntet werden und pflanzen Sie gestaffelt aus.

- Bedenken Sie, dass gerade Zucchini und Kürbisse ausgesprochen reich tragen. Eine bis zwei Pflanzen reichen für eine vierköpfige Familie aus.

- Haben Sie eine ausreichend große Gefriertruhe?

- Besteht genug Lagerraum?

### Der Garten als „Lagermöglichkeit"

Gemüsesorten wie Grünkohl oder Schwarzwurzeln sind in Bezug auf die Lagerung insoweit problemlos, dass sie im Garten bleiben und nach Bedarf geerntet werden. Wer keinen Lagerkeller hat, kann sich natürlich auch mit sogenannten Erdtrommeln behelfen (siehe Seite 248 ff.).

*Bei so viel Gemüse ist eine richtige Vorratshaltung vonnöten.*

## Lagerung und Vorratshaltung

Die sind zwar etwas aus der Mode gekommen, aber immer noch überaus effektiv. Es handelt sich hierbei vorzugsweise um alte Waschmaschinentrommeln, die in die Erde an einen gut erreichbaren Platz im Garten eingelassen werden. Durch die Löcher in der Trommel kommen Sauerstoff und Feuchtigkeit an die Vorräte, sodass sie sich lange frisch halten. Wenn es extrem kalt wird, kann man das Gemüse mit etwas Stroh oder Zeitungspapier abdecken. Für die Lagerung in Erdtrommeln eignen sich z. B. Kartoffeln, Erdrüben, Möhren und Pastinaken.

Ist genügend Platz im Garten, kann auch ein etwas größerer und begehbarer Folientunnel als Lagermöglichkeit dienen. Das Gemüse muss aber nochmals mit Vlies abgedeckt werden, damit es auch tiefere Temperaturen unbeschadet übersteht.

Dasselbe gilt auch für Gewächshäuser. Alles dort aufbewahrte Gemüse sollte mit einem Vlies abgedeckt werden.

## Der Keller als Lagerraum

Früher hatten die meisten Häuser einen gut temperierten Erdkeller, der sich zur Lagerung von Gemüse ganz hervorragend eignet. Die Temperaturen sind dort sehr ausgewogen und liegen leicht über dem Gefrierpunkt. Hier kann man Gemüse problemlos in Kisten über einen längeren Zeitraum aufbewahren.

Krautköpfe, Schwarzwurzeln, die auf Vorrat geerntet werden, und Sellerie schlägt man dazu am besten in Zeitungspapier ein und stellt sie aufrecht nebeneinander in die Kisten.

Gleichermaßen kann man mit Chinakohl, Endivien und Lauch verfahren, die sich allerdings nicht ganz so lange halten. Einige Wochen können sie aber aufbewahrt werden.

Kartoffeln bekommen einen mit Brettern abgetrennten Platz, damit sie nicht wegrollen, können aber ohne weiteres auf dem Boden liegen.

Natürlich kann man sie auch nach Größen sortiert in Kisten legen, allerdings ist es nicht ratsam, sie allzu dicht übereinander zu legen.

Die Übertragung von Krankheiten schreitet dann schneller voran. Möhren kann man gut in einen mit Sand gefüllten Eimer stecken, wobei der Sand ab und zu nass gemacht werden muss, damit die Rüben knackig bleiben.

Beim Lagern von Gemüse gilt grundsätzlich: Kontrollieren Sie regelmäßig, denn Krankheiten und Schädlinge breiten sich schnell aus und können mitunter ihr Gemüse unbrauchbar machen.

## Vorratshaltung leicht gemacht

Neben dem Lagern von Herbst- und Wintergemüse kann man natürlich auch gleich nach der Ernte mit der Verarbeitung beginnen und portionsweise einfrieren oder auch einkochen.

Auf den ersten Blick scheint das mehr Arbeit zu sein, allerdings gibt es fast nichts Schöneres, als aus der Truhe Gemüsepäckchen zu entnehmen, die dann nur noch kurz vor dem Verzehr fertig gegart werden müssen.

*Ein selbst gebauter Lagerkeller bietet ideale Bedingungen für die Bevorratung.*

### Warme Kellerräume

Liegen die Temperaturen im Keller über 10 °C, wird es mit der Aufbewahrung schon schwieriger.

Lagern Sie wie oben beschrieben, lüften Sie die Räume gut und bewahren Sie nur die am längsten haltbaren Gemüse auf. Alles andere kann eingefroren oder eingekocht werden. Längere Zeit lagern lassen sich auch hier Kürbisse und Zwiebeln. Allerdings müssen sie zum richtigen Zeitpunkt geerntet worden sein.

*Auch ein Frühbeetkasten kann, mit Sand gefüllt, zum Lagerraum werden.*

Die meisten Gemüse, z. B. Bohnen, Erbsen, Lauch und Sellerie blanchiert man vor dem Einfrieren. Dazu werden die Gemüse verzehrfertig vorbereitet und dann in sprudelnd kochendem Wasser drei Minuten gekocht. Anschließend gibt man sie kurz in eiskaltes Wasser. Vor dem Einfrieren wird das Gemüse auf ein sauberes Küchenhandtuch zum Abkühlen und Trocknen gelegt.

*In Gewächshäusern und unter Folientunneln muss das Gemüse mit Vlies abgedeckt werden.*

**Das Trocknen von Kräutern**

Eine bewährte Methode der Kräuter-Vorratshaltung ist das Trocknen. Bewahren Sie aber nur so viele getrocknete Kräuter auf, wie sie den Herbst und Winter über auch verbrauchen, denn nach einiger Zeit verliert das Trockengut an Aroma und Inhaltsstoffen. Das Trocknen beginnt bereits bei der Ernte, die an einem sonnigen Vormittag durchgeführt werden sollte, wenn Aroma und Inhaltsstoffe auf dem höchsten Stand sind. Einfach durchzuführen ist die Trocknung in einem Dörrapparat, alternativ geht das im Backofen, doch wird hier schnell die Temperatur überschritten, sodass die Kräuter unbrauchbar werden: Es darf nicht wärmer als 35 °C werden!

*Kresse im Topf – ein Winterhighlight für die Fensterbank in Ihrer Küche*

Sie können die Kräuter aber auch an einen luftigen und gleichzeitig trockenen Platz aufhängen. Wenn die Pflanzen beim Angreifen rascheln, können sie in dunklen Vorratsbehältern, am besten Gläsern, aufbewahrt werden. Kräuter mit einem hohen Wassergehalt friert man besser ein. Diese Vorratsmethode empfiehlt sich besonders bei Petersilie und Schnittlauch, da sie im eingefrorenen Zustand ihre kräftig grüne Farbe behalten und sich nicht gut trocknen lassen.

## Lagerung und Vorratshaltung von Obst

Wie bei Gemüse gibt es auch bei Obst verschiedene Möglichkeiten der Lagerhaltung. Allerdings ist Obst kälteempfindlicher, sodass eine Lagerung im Garten nicht infrage kommt. Auch das kalte Gewächshaus ist nur dann gut, wenn die Temperaturen nicht unter den Gefrierpunkt fallen.

*Überschüssigen Schnittlauch kann man für den Wintervorrat nutzen. Er lässt sich nicht trocknen, eignet sich aber zum Einfrieren.*

# Lagerung und Vorratshaltung | 125

*Werden die Pflanzen nicht zurückgeschnitten, treiben Sie im kommenden Jahr nicht so stark aus. Die abgeschnittenen Pflanzenteile dienen als Vorrat.*

Eine gute Lagereignung haben vor allem Äpfel und Nüsse. Äpfel lagert man auf Steigen, am besten einzeln nebeneinander in kühlen Räumen, die gut belüftet sind. Da sie Ethylen, ein Pflanzenhormon, ausdünsten, sollten sie nicht z. B. neben Kartoffeln stehen, die dann vorzeitig keimen. Wichtig ist vor allem die regelmäßige Kontrolle. Angefaultes oder krankes Obst muss sofort entsorgt und vernicht werden. Nüsse können nach einer ausreichenden Trockenzeit gut in einen luftdurchlässigen Sack gefüllt und beispielsweise im Heizungsraum aufgehängt werden. Alle anderen Obstfrüchte sollte man spätestens nach einer Woche verarbeiten, das heißt entweder einkochen, einfrieren oder verbrauchen.

# Den Garten winterfest machen

Bodenschutz muss sein

Der Winter kann kommen

Gut eingepackt?!

Der Teich im Winter

Was außerdem wichtig ist

# Bodenschutz muss sein

Der Gartenboden ist das höchste Gut des Gärtners. Er muss zu allen Zeiten gehegt und gepflegt werden.

Ausgangsprodukt aller Ernten und Grundelement für unsere Pflanzen ist der Boden. In ihm wachsen und gedeihen Zier- und Nutzpflanzen gleichermaßen. Denn er liefert Nährstoffe und Wasser und die Wurzeln finden in ihm Halt. Es ist also durchaus sinnvoll, sich einige Gedanken über die Bodenvorbereitung für den Winter zu machen.

Von Natur aus gibt es keine kahlen Böden, höchstens in der Wüste! Der Boden ist während der Vegetationszeit bewachsen, im Herbst und Winter dagegen fallen Blätter und

*Tiefes Umgraben im Herbst sorgt dafür, dass die Schollen im Winter durchfrieren und dadurch schön bröselig werden.*

## Bodenschutz muss sein

*Guter Gartenboden braucht im Frühjahr nur gründlich aufgelockert zu werden.*

*Die Gartenkralle erleichtert das Lockern. Das Werkzeug wird seitlich gedreht.*

Nadeln hinab und bedecken ihn mit einer feinen Mulchschicht. Diese schützende Schicht verrottet und liefert so Nährstoffe nach. Das ist letztendlich ein Ausschnitt des Lebenskreislaufes.

### Umgraben oder nicht?

Lange Zeit galt der Spaten als wichtigstes Handwerkszeug im Garten. In jedem Herbst wurden die Beete abgeerntet und umgegraben und sicherlich hat diese Vorbereitung für den Winter auch seine Berechtigung.

Umgraben ist nämlich äußerst sinnvoll auf schweren Böden, denn durch den eindringenden Frost kommt es zur sogenannten Frostgare, die den Boden durchlässiger und feinkrümeliger macht. Forschungen haben allerdings ergeben, dass diese Bodenbearbeitung auch erhebliche Nachteile mit sich bringen kann, und mittlerweile gibt es wohl nach wie vor viele Befürworter des Umgrabens, doch auch ebenso viele Gegner.

Zwar lockert das Umgraben den Boden, doch birgt es folgende Nachteile in sich:

- Erdschichten werden jährlich wieder neu durcheinander gebracht, sodass Bodenlebewesen, die nur in bestimmten Breichen des Bodens existieren, immer wieder in andere Schichten verfrachtet werden.

- Samenunkräuter überdauern oft lange im Boden, werden nach mehrmaligem Umgraben wieder an die Oberfläche geholt und keimen dort.

- Der Boden ist im Winter ungeschützt.

- Schnecken legen gerne ihre Eier in die groben Schollen, die durch das Umgraben entstehen.

### Tipp

Beachten Sie, dass Gründüngungspflanzen nicht mit den Gemüsearten verwandt sein dürfen, die als nächstes auf das Beet kommen, denn eine Übertragung von Krankheiten und Schädlingen könnte die Folge sein. Vor Kohlarten darf beispielsweise kein Senf ausgesät werden, der als tiefwurzelnde Gründüngungspflanze beliebt ist.

*Lupinen sind wichtige Stickstofflieferanten für den Boden.*

Es ist deshalb sinnvoll, mit der Bodenvorbereitung schon im Sommer zu beginnen, dann nämlich, wenn die ersten Früchte des Nutzgartens abgeräumt sind und keine Nachfrucht mehr geplant ist.

Diese freien Flächen können mit Gründüngungspflanzen wie Lupinen, Wicken oder Ringelblumen eingesät werden. Nach der Keimung bedecken sie den Boden und schützen ihn vor extremen Witterungseinflüssen. Sie durchwurzeln die Erdschicht mehr oder weniger stark und tief und lockern dadurch den Boden, ohne dass umgegraben werden muss.

Als Überwinterungssaaten gelten Wintergetreide, z. B. Winterroggen, die zwischen Erdbeerpflanzen den Boden schützen können. Sie werden im Oktober ausgesät und gehen dann noch auf. Da sie mit keinem unserer Gemüse verwandt sind, können sie überall problemlos eingesetzt werden. Einziger Nachteil: Es ist anstrengend, die Grünpflanzen im Frühjahr auszuhacken, da sie ein weit verzweigtes Wurzelsystem haben.

## Mulchen

Mulchen ist keine typische Bodenvorbereitung für den Winter, denn gerade auch im Frühjahr und Sommer ist das Bedecken des Bodens mit organischem oder anorganischem Material sinnvoll, um die

### Phacelia

Eine besonders gute Zwischenfrucht ist Phacelia, auch als Bienenfreund bekannt. Sie kann noch bis September ausgesät werden und blüht in warmen Jahren dann auch noch. Die Blüten werden gern von Bienen aufgesucht, sodass ein Herbstbeet mit Phacelia an einem sonnigen Tag zu brummen scheint!

Im Winter friert das Kraut ab, bedeckt den Boden und kann im Frühjahr, ein bis zwei Wochen vor der Aussaat, eingearbeitet werden.

## Bodenschutz muss sein

| Verschiedene Mulchmaterialien für den Winter | |
|---|---|
| **Material** | **Kultur** |
| Stroh | Beerensträucher |
| Gemüserückstände | Gemüsekulturen |
| Laub | Staudenbeete, Bäume und Sträucher |
| Rindenmulch | Wege, Bäume, Sträucher |
| Flusskies oder Splitt | im Ziergarten für trockene Standorte |

Verdunstung des Bodens herabzusetzen, das Unkrautwachstum zu unterdrücken und ihn vor Verschlämmung, Erosion und Verkarstung zu schützen.

Allerdings ist das auch im Winter wichtig, nur geht es hier weniger um den Verdunstungsschutz. Mulchmaterialien können den Boden vor starken Temperaturschwankungen bewahren und lassen den Frost nicht zu tief eindringen.

*Phacelia: Zwischenfrucht und Bienenweidepflanze in attraktiven Violettönen*

# Der Winter kann kommen

Damit alle Pflanzen den Winter gut überstehen, müssen sie individuell vorbereitet und versorgt sein.

Sobald die Temperaturen sinken und sich Frost ankündigt, muss gehandelt werden; das gilt für den Gemüsegarten, aber noch mehr für den Ziergarten. Viele unserer Gartenpflanzen stammen aus fernen Ländern und sind kalte Winter nicht gewohnt. Vor allem gilt das natürlich für Topf- und Kübelpflanzen, bei denen der Frost von allen Seiten an die Wurzeln dringen kann. Aber auch Rosen und Gräser müssen geschützt werden, damit sie uns auch im nächsten Jahr noch Freude bereiten.

## Im Gemüsegarten

Manche Arten wie Rote Rüben, Sellerie und Kohlrabi vertragen einige Minusgrade und können noch auf dem Beet bleiben, denn am schmackhaftesten sind sie nun mal frisch geerntet. Eine Abdeckung ist aber sinnvoll, denn Blätter und Wurzeln können so auch bei leichtem Frost aus dem Garten geholt werden. Am besten hat sich das lockere Abdecken mit Gemüsevlies bewährt – man legt das leichte Tuch doppelt

*Auch Schnee ist ein guter Frostschutz.*

*Gut geschützt durch ein Vlies*

# Der Winter kann kommen

*Fichtenreisig schafft eine Wärmezone.*

über die Pflanzen und beschwert die Ränder mit Erde, Steinen oder aber speziellen Haken.

Kräuter stammen überwiegend aus wärmeren Regionen, denken wir nur an Rosmarin, Lavendel und Salbei. Es lohnt sich deshalb immer, Kräuterbeete gut abzudecken. Fichtenreisig eignet sich hierfür besonders gut. Es ist luftdurchlässig und leicht und schafft eine wärmeisolierende Schicht über den empfindlichen Gewächsen. Die erste Maßnahme, um Kräuter gut durch den Winter zu bringen, ist allerdings der Kauf winterharter Sorten. Die Lavendelsorte *Lavandula angustifolia* 'Dwarf Blue' ist ein Beispiel für gute züchterische Arbeit, denn dieser kleine Strauch übersteht problemlos auch härtere Kahlfröste und treibt im Frühjahr zuverlässig wieder aus.

## Im Obstgarten

Man möchte meinen, Bäume und Sträucher sind so gut eingewurzelt, dass der Winter ihnen nichts anhaben kann. Doch auch bei den Gehölzen gibt es Unterschiede, wobei häufig die Wintersonne mehr Schaden anrichtet als der Frost.

Zunächst aber zum Bodenschutz rund um Sträucher und Gehölze. Gerade Flachwurzler wie Beerensträucher benötigen eine Bodenabdeckung in Form von Mulch, damit ihre Wurzeln nicht zu stark leiden.

### Tipp

Ein Thermometer unter dem Vlies zeigt an, wie kalt es für das Gemüse wirklich ist. So können Sie rechtzeitig mit dem Einlagern beginnen, bevor größere Verluste eintreten.

Sie werden wahrscheinlich bei starkem Frost nicht gleich absterben, sind im nächsten Jahr aber geschwächt und dadurch wieder anfälliger für Krankheiten und Schädlinge.

Bei Weintrauben und Brombeeren kann man junge Pflanzen getrost vom Spalier abnehmen, leicht zusammenbinden und auf die Erde legen. Sie können die Triebe auch leicht mit Erde oder Stroh abdecken, dann sind sie besonders gut geschützt. Bei älteren Pflanzen geht das allerdings nicht mehr. Zum Schutz steckt man am besten Fichtenreisig zwischen das Spalier.

Wer Jungbäume gesetzt hat und nahe am Wald wohnt, sollte bedenken, dass Wildverbiss zu größeren Schäden führen kann. Im Handel gibt es mittlerweile gute Schutzsysteme, die den Winter über um die kleinen Stämme gestellt werden. Achten Sie beim Kauf darauf, dass die Schutzvorrichtungen genügend Platz zum Stamm lassen, damit die Bäume immer wieder abtrocknen können. Außerdem können sich so keine Schädlinge darunter verbergen. Im Frühjahr, wenn für die Waldtiere genügend andere Nahrung zur Verfügung steht, wird der Schutz wieder abgenommen.

Dass die Wintersonne mehr Schaden anrichtet als so mancher Frosttag, ist tatsächlich wahr. Die ersten Sonnenstrahlen erwärmen den dunklen Stamm sehr stark und verflüssigen den Zellsaft, der durch bestimmte physiologische Prozesse im Herbst eingedickt wird. Bei nächtlicher Kälte gefriert der Zellsaft und

*Frostrisse müssen unbedingt durch Wundverschluss behandelt werden.*

dehnt sich aus. Dadurch platzen die Zellwände und Frostrisse sind die Folge. Um das zu vermeiden, bringt man am besten bis unter die Krone einen Kalkanstrich an. Bester Zeitpunkt dafür sind Dezember und Januar. Flechten und Moose müssen vorher entfernt werden, außerdem sollte der Stamm trocken sein. Im Frühjahr wird der Anstrich einfach wieder abgewaschen.

Zusätzlicher Effekt des Kalkanstriches: Er verhindert das Eindringen von Schädlingen.

## Im Ziergarten

Eingewachsene Stauden und Gehölze können schon einiges an Kälte vertragen. Manche, z. B. Frauenmantel, Storchschnabel oder Zierjohannisbeere, trotzen selbst Minusgraden von 10 bis 15 °C. Dabei spielt allerdings der Standort der Pflanzen eine wichtige Rolle. Auf geschützten Beeten, die der Wintersonne oder eisigem Wind nicht allzu sehr ausgesetzt sind, können viele Gartenpflanzen den Winter schadlos überstehen. Eine Mulchdecke um die Pflanzen herum ist allerdings immer sinnvoll und sieht auch noch schön aus.

Ob gerade Stauden vor dem Winter geschnitten werden sollen, darüber streiten sich die Geister. Für Liebhaber naturnaher Gärten ist das allerdings keine Frage: Stauden werden erst im Frühjahr geschnitten, denn sie bieten den kleineren und größeren Gartentieren Nahrung und Überwinterungsmöglichkeiten. Noch dazu sehen beispielsweise die Blütenköpfe des Sonnenhutes ganz besonders anmutig aus, wenn Raureif sie überzogen hat. Allerdings ist der Garten nicht ganz so ordentlich, wie das mancher Gärtner gern hat. Ist uns die Natur allerdings ein Vorbild, so sollten wir sie auch im Garten weitestgehend walten lassen.

### Dahlien überwintern

Dahlienknollen vertragen Kälte nicht und müssen, sobald die ersten Nachtfröste einsetzen und die Blätter und Blüten schlaff werden, aus dem Boden genommen und frostfrei überwintert werden. Die Vorbereitung hierfür beginnt schon Anfang September. Ab dieser Zeit reduziert man das Gießen der feuchtigkeitsliebenden Pflanzen. Als Folge beginnen Dahlien, Reservestoffe in die Knollen einzulagern. Und so wird's gemacht:

- Wählen Sie zum Ausgraben der Knollen einen sonnigen, trockenen Herbsttag.
- Verwenden Sie eine Grabegabel und nicht den Spaten, der die Knollen verletzen kann.
- Lassen Sie Erdreste ruhig an den Knollen; sie dienen als Schutz vor Austrocknung.
- Der Wurzelhals sollte etwa 5 bis 6 cm lang sein.

Optimale Überwinterungstemperaturen liegen zwischen 2 und 7 °C. Steht ein Raum mit den entsprechenden Temperaturen nicht zur Verfügung, ist es ratsam, die Knollen in Sand einzuschlagen und ab und zu leicht mit Wasser zu besprühen.

> **Tipp**
>
> Kontrollieren Sie die Dahlienknollen regelmäßig auf faule Stellen, die sofort entfernt werden müssen. Ansonsten ist die Mühe nämlich umsonst und im Frühjahr müssen Sie wieder neue Knollen kaufen.

### Rasenpflege

Besondere Pflege dankt auch Ihr Rasen, indem er im nächsten Jahr wieder prachtvoll grünt.

Dazu sollten Sie folgendermaßen vorgehen:

- Ausbesserungsarbeiten beziehungsweise Nachsaaten müssen schon Ende August bis Anfang September durchgeführt werden.
- Das Herbstlaub muss regelmäßig entfernt werden, damit der Rasen nicht erstickt und verschimmelt.
- Damit er im nächsten Frühjahr einen guten Start hinlegen kann, wird im Herbst – am besten im Oktober – noch einmal eine kaliumbetonte Düngung durchgeführt.
- Mähen Sie unbedingt bis Ende September/Anfang Oktober. Zu lange Halme werden unter dem Schnee unnötig zusammengequetscht und erholen sich daraufhin im Frühjahr sehr viel langsamer.

# Gut eingepackt?!

Die meisten winterharten Stauden überstehen die kalte Jahreszeit unbeschadet. Problematisch wird es allerdings, wenn eine wärmere Periode die Pflanzen zum Antreiben anregt, sich anschließend aber wieder kältere Tage mit Frost einstellen, die dann junge Knospen und Triebe schädigen.

Um dem vorzubeugen, ist es am besten, großflächig mit Tannen- oder Fichtenreisig abzudecken. Es schadet den Pflanzen nicht, kann im Frühjahr leicht wieder abgenommen werden und bietet doch guten Schutz und Beruhigung für den Gärtner.

Bestimmte Stauden und auch Gehölze benötigen allerdings etwas mehr Schutz, denn sie sind aufgrund ihrer Herkunft, ihres Alters oder bestimmter Merkmale empfindlicher gegenüber Kälte. Dazu zählen Rosen, junge Gehölze, Immergrüne, empfindliche Stauden und Gräser.

### Rosen

Auch bei den Königinnen der Blumen gibt es besonders empfindliche Sorten und andere, die durchaus frosthart sind.

Die Schwachstelle der Sträucher ist die Veredelungsstelle, die schnell auffrieren kann. Um das zu verhindern, müssen Sie die Rosenstöcke im Herbst mit Erde anhäufeln. Besonders im Frühjahr leistet dieser Schutz gute Dienste, wenn erste Augen antreiben, die durch strenge Spätfröste geschädigt werden können.

*Gut verpackt durch den Winter – Rosen können mit luftdurchlässigen Jutesäcken geschützt werden.*

# Gut eingepackt?! 137

*Frostschutz durch eine dicke Laubschicht*

| Besonders frostharte Rosensorten | |
|---|---|
| *Sorte* | *Typ* |
| 'Duftwolke' | Edelrose |
| 'Centaire de Lourdes' | Beetrose |
| 'Montana' | Beetrose |
| 'Schweizer Gruß' | Beetrose |
| 'Mozart' | Kleinstrauchrose |
| 'Marguerite Hilling' | Strauchrose |
| 'Schneewittchen' | Strauchrose |
| 'New Dawn' | Kletterrose |
| 'Rosarium Uetersen' | Kletterrose |

Bei Kletterrosen kann man außerdem Fichtenreisig durch das Spalier und die Triebe flechten.

Besonderen Schutz benötigen Hochstammrosen: Hier stülpt man über die Krone und Veredelungsstelle einen Jutesack, füllt ihn vorsichtig mit Stroh oder Holzwolle und bindet unten locker zu.

Ist ein Rosenstamm ausreichend elastisch, kann er im Herbst auch vorsichtig auf den Boden abgesenkt werden. Man fixiert ihn dann und schlägt die Veredelungsstelle in Erde ein. Fichtenreisig darüber gibt den optimalen Schutz.

### Tipp

Verwenden Sie auf keinen Fall einen Plastiksack! Die Sauerstoffzufuhr ist unterbunden und auch die nötige Feuchtigkeitsabgabe funktioniert nicht, sodass die Rose zwar nicht erfriert, aber erstickt.

Um Rosenstämmchen zu schützen, kann man auch einfachen Hasendraht, den man im Baustoffhandel erhält, großräumig einmal um den Stamm wickeln. In den so entstandenen Zwischenraum zwischen Draht und Stamm füllt man Laub ein. Diese Methode ist auch für junge Gehölze der ideale Schutz.

## Vor Winterfeuchtigkeit schützen

Stauden und Gräser, die aus Regionen mit trockenen Wintern stammen, leiden häufig weniger unter der Kälte als unter der Nässe. Im allerschlimmsten Fall können solche Pflanzen den Winter nicht überstehen, weil sie tatsächlich verfaulen.

Besonders gefährdet sind Pampasgras, *Cortaderia selloana*, Fackellilie, *Kniphofia spec.*, und Palmlilie, *Yucca filamentosa*.

Um das zu verhindern geht man folgendermaßen vor:

1. Binden Sie den Blattschopf im oberen Drittel mit Bast oder einem ähnlichen Material, das nicht einschnürt und die Blätter und Triebe verletzt, zusammen.

2. Um die Pflanze herum wird nun trockenes Laub geschichtet.

3. Darüber gibt man Fichtenreisig, das nochmals isoliert, aber auch verhindert, dass das Laub wegweht.

*Gräser werden zusammengebunden und der Boden mit einer Laubschicht bedeckt.*

*Die Wurzeln von Topfpflanzen sind besonders frostgefährdet.*

*Frostschutz mit Schilfmatten und Isoliergeweben um die Pflanzen*

Damit keine Schäden auftreten, gilt als vorbeugende Maßnahme einmal mehr die Wahl des richtigen Standortes. Der Boden muss durchlässig und locker sein, damit keine Staunässe entstehen kann. Ist das nicht der Fall, sollten Sie mit der Untermischung von Sand oder Kies eine Art Dränage erzeugen.

**Wasserbedarf berücksichtigen**

Während die Laubabwerfenden im Winter weniger Wasser benötigen, sind die Immergrünen doch immer noch auf eine ausreichende Wasserversorgung angewiesen, denn ihre Nadeln und Blätter verdunsten unentwegt Feuchtigkeit, die wieder aufgenommen werden muss. Fichte, Kiefer, Schneeball, Rhododendron und verschiedene andere Gehölze müssen an frostfreien Tagen deshalb mit Wasser versorgt werden. Das gilt besonders in Jahren mit einer bemerkbaren Herbsttrockenheit.

## Spezialfall Kübelpflanzen

Alles bisher Erwähnte gilt natürlich auch für Pflanzen, die in Kästen und Kübeln gehalten werden. Und dennoch müssen sie besonders erwähnt werden, denn sie sind in der Winterzeit erheblich größeren Belastungen ausgesetzt als eingewachsene Pflanzen. An Töpfe und Kübel kommt der Frost von allen Seiten heran, die Wurzeln sind also der Kälte ausgesetzt, die oft den sicheren Tod bedeutet. Abhilfe können Sie jedoch schaffen, indem Sie zunächst Töpfe und Kübel an einen geschützten Platz stellen. Die Gefäße umhüllt man dann am besten mit Jutesäcken oder Noppenfolie. Auch Schilfmatten leisten gute Dienste. Lassen Sie die Erde aber noch frei, denn Wasser und Luft muss an die Wurzeln kommen.

Das zweite Problem ist die Wasserversorgung: Tiefwurzelnde Gartenpflanzen haben weitaus bessere Möglichkeiten, auch im Winter an Wasser zu kommen, als Topfpflanzen. Vergessen Sie deshalb nicht, in frostfreien Perioden immer wieder die Feuchtigkeit der Erde zu kontrollieren und gegebenenfalls zu gießen.

# Der Teich im Winter

**Die gute Wintervorbereitung von Teichen ist eine wichtige Voraussetzung für den schnellen Start in die Teichsaison im Frühjahr.**

Wasser im Garten hat Menschen über die verschiedenen Epochen hinweg begeistert. Nicht umsonst steigt die Zahl der Teichanlagen in Hausgärten stetig an. Selbst für kleinere Gärten gibt es spezielle Kunststoffbecken, die einfach im Einbau und leicht in der Pflege sind.

Außerdem ist die Schönheit von Teichen und Wasserbecken zu jeder Jahreszeit sichtbar. Selbst im Winter muten die verschieden hohen Gräser und Stauden am Wasser romantisch und verträumt an. Damit Sie den Zauber von Wasserflächen und Wassergärten jedes Jahr aufs Neue genießen können, müssen Sie den Teich unbedingt winterfest machen. Das gilt vor allem dann, wenn es sich um einen Fischteich handelt. Die wichtigsten Arbeiten im Überblick sind Folgende:

- Entfernen Sie die Teichpumpe. Das gefrierende Wasser kann das Gerät beschädigen oder ganz wertlos machen. Die Pumpe leerlaufen lassen, Pumpe und Filter gründlich reinigen und bis zum Frühjahr frostfrei lagern.

- Der Durchlüfterauslauf sollte erhöht auf einen Lochziegel gestellt werden, um die Durchwirbelung am Grund zu verhindern.

- Schläuche und Wasserleitungen müssen entleert werden.

- Bachlauf und Wasserspiele sollten frostfrei überwintert werden.

- Fischen Sie Laub und Äste von der Wasseroberfläche und auch im Wasser ab. Verfaulendes organisches Material verbraucht Sauerstoff und bildet schädliche Gase.

- Wasserpflanzen, die nicht winterhart sind, müssen frostfrei in mit Wasser gefüllten Wannen oder Eimern überwintert werden.

- Im Herbst ist die beste Zeit, die zu dicht gewordene Pflanzenmasse zu lichten. Besonders schöne Stauden und Gräser kann man teilen und an weniger dicht besiedelten Stellen neu einpflanzen.

- Nehmen Sie überzählige Fische heraus. Vielleicht können sie verschenkt werden.

- Bei Fischteichen muss eine kleine Wasserfläche immer eisfrei bleiben. Eisfreihalter aus Styropor oder Teichbelüfterpumpen gibt es im Baumarkt.

- Um tiefes Zufrieren zu verhindern, kann man Luftpolsterfolie mit den Noppen nach unten auf die Wasseroberfläche legen. Sie dient als Isolierschicht.

*Damit Fische überwintern können, muss der Teich mindestens 80 cm, besser 1,50 m tief sein.*

# Was außerdem wichtig ist

Vergessen Sie nicht die Geräte, die technischen Hilfsmittel und alles, was Ihnen die Arbeit im Garten erleichtert. Wer im Herbst hier gute Arbeit leistet, kann dem Frühjahr gelassen entgegensehen.

Sind empfindliche Pflanzen gut eingepackt, ist das Gemüse geerntet und der Teich winterfest gemacht, könnte man sich eigentlich endlich zurücklehnen und ausruhen – wären da nicht noch die ganzen Gartengeräte, Holzgestelle und nicht frostfesten Töpfe, die vor dem Winter ein wenig Aufmerksamkeit benötigen.

## Von Schläuchen und anderen Hilfsmitteln

Gartengeräte, die nicht mehr gebraucht werden, bewahrt man im Winter besser im Keller als im Gartenhaus auf. Stahlflächen werden zuvor gereinigt und Stiele und Griffe kontrolliert, denn jetzt ist die Gelegenheit, im Baumarkt in Ruhe nach Ersatzteilen zu schauen.

Vergessen Sie außerdem nicht, alle Schläuche zu entleeren, Wasserhähne einzupacken und den Wasserzulauf abzustellen. Friert hier über die Wintermonate eine Leitung auf, haben Sie im Frühjahr richtig viel Arbeit.

Eine Arbeit, die jeder Gärtner gern verschiebt, ist auch das Säubern von gebrauchten Töpfen. Sie werden meistens im Frühjahr wieder benötigt und häufig vor dem Wegräumen nur etwas ausgeklopft. Doch oft nisten Krankheitserreger in Ecken und anhängenden Erdresten, die im nächsten Frühjahr den Jungpflanzen zusetzen. Am besten bürstet man an einem sonnigen Herbsttag alle Töpfe, die noch gebraucht werden, mit Wasser und einer Essiglösung innen und außen ab. Überschüssige und beschädigte Exemplare entsorgen Sie einfach.

Da im Herbst natürlich auch die Terrasse und der Balkon aufgeräumt werden, lohnt sich jetzt ein Blick auf gefliese Flächen, denn besonders in die Fugen dringt Wasser ein, das beim Gefrieren die Platten heben kann. Zur Vorbeugung können Sie Imprägniermittel ganzflächig aufbringen, gerissene Fugen werden gesäubert und neu mit Mörtel verfugt.

Ausbesserungsarbeiten an Holzgerüsten für Kletterpflanzen oder Gartenzäunen sollten Sie dagegen auf das Frühjahr verschieben. Hier kann über Winter doch noch mehr anfallen und dann reicht es, wenn man einmal ans Werk geht.

*Wasseranschlüsse müssen abgeschaltet und umwickelt oder frostsicher gelagert werden.*

# Garten-dekorationen im Herbst

Früchte des Gartens

Herbstliche Top(f)-Dekorationen

# Früchte des Gartens

Früchte in Hülle und Fülle werden uns im Herbst beschert. Dekorationen sind zu keiner Zeit leichter zu arrangieren als von September bis Dezember.

Früchte des Gartens | 145

Der Herbst ist die Zeit der Ernte und des Erntedankfestes. Hagebutten, Kürbisse, Zierkohlsorten, Zieräpfel und vieles mehr – eigentlich kann man aus fast allen Gaben der Natur schöne Arrangements zaubern. Das Gute an dieser Jahreszeit sind aber nicht nur die bunten Blumen, Blätter und Früchte, sondern auch die kühleren Temperaturen. Dekorationen halten im Eingangsbereich, auf der Terrasse oder im Garten sehr viel länger als im Sommer. Auch frostige Nächte werden durchaus vertragen.

Neben herbstlichen Sträußen, die in alten Kannen oder Töpfen gut zur Wirkung kommen, ziehen vor allem auch bunte Türkränze und bunt bepflanzte Töpfe die Blicke auf sich. Viele Dekorationen sind mit nur wenigen Handgriffen fertig, mitunter benötigt man aber auch mehr Zeit. Beginnen Sie mit einem einfach zusammengebunden Strauß. Wer einmal seine Leidenschaft für natürliche Dekorationen entdeckt hat, wagt sich dann schnell auch an Kränze und selbst gestaltete Kürbislaternen heran.

## Sträuße für drinnen und draußen

Es genügen schon einige bunt gefärbte Ahornzweige oder kupferfarben schimmerndes Eichenlaub, die zusammen mit fruchtbehangenen Hagebuttenzweigen, locker in einen alten Krug gesteckt, eine verträumte Stimmung auf dem Fensterbrett er-

*Den Arrangements mit Früchten und Blättern sind keine Grenzen gesetzt.*

*Farbenfrohes Potpourri aus Früchten und Blüten*

*Zarte Farben für den romantischen Garten*

*Ziermais, Maronen, Johanniskraut, Efeu und vieles mehr zieren das herbstliche Arrangement.*

Früchte des Gartens | 147

*Erntedank mit Holunderbeeren, Dahlien, Lauch, Möhren, Hortensien und Zieräpfeln*

### Tipp

Schneiden Sie Blumen für Sträuße an trockenen Tagen in den späten Vormittagsstunden. Vor allem bei Astern sitzen die Blättchen bis tief unten am Stängel. Mit der Hand kann man sie einfach abstreifen. Werden die Stängel mitsamt den Blättchen in die Vase gesteckt, hält der Strauß nicht so lange. Wechseln Sie das Blumenwasser täglich – auch das verlängert die Haltbarkeit.

zeugen. Legen Sie noch drei oder fünf kleine Zieräpfel drumherum oder stellen Sie eine flache Schale mit Haselnüssen dazu – üppiger muss ein herbstliches Arrangement nicht sein. Vor allem locker gebundene oder gesteckte Sträuße, versehen mit einem trockenen Zweig, verdeutlichen Schönheit und Vergänglichkeit des Herbstes!

Wer im Garten Astern und Dahlien hat, kann natürlich aus dem Vollen schöpfen. Das Schöne daran ist, dass sich vor allem bei Dahlien umso mehr neue Blütentriebe bilden, je mehr Sie schneiden. Besonders romantisch wirken Sträuße in zarten Farben, z. B. lila und weiße Astern. Ein Asternstrauß wirkt übrigens völlig ohne Füllmaterial als weiteres Grün – und nur wenige Zweige ergeben schon üppige Sträuße. Neben den Astern sind es die Dahlien, die im Herbst für Furore sorgen. Überlegen Sie sich am besten schon beim Setzen der Knollen, welche Farben Sie bevorzugen. Die Farbpalette der Dahlien ist so groß, dass einzelnen Vorlieben keine Grenzen gesetzt sind. Aber auch ganz bunte Sträuße in Gelb, Weiß, Orange, Lila und Rot fangen

Früchte des Gartens | 149

| Was passt zusammen? ||
|---|---|
| Dahlienfarbe | passendes Gehölz oder Kraut |
| Rubinrot | Dillblüten |
| Rosa | Schneebeeren, Purpurglöckchenblätter |
| Rot | Hagebutten, Pfaffenhütchen |
| Gelb | Efeuranken |
| Orange | Zweige der Weiß-Weide |

noch einmal alle Farben des Jahres ein. Besonders lange halten sich abgeschnittene Blütenköpfe, die in flache, mit Wasser gefüllte Schalen gelegt werden. Sie sind eine schöne Dekoration bei Festen, können aber auch auf kleine Tische im Vorgarten oder auf der Terrasse platziert werden.

Dahlien wirken allein, aber auch mit Gehölzen, deren Beeren ihre Farbe aufnehmen und dadurch eine besonders harmonische Wirkung erzeugen, oder mit Kräutern.

*Die Farben des Herbstes variieren bei Blüten und Früchten von zarten Mauvetönen bis hin zu kräftigem Rot. So ist für jeden Stil und Geschmack etwas dabei.*

*Kaktusdahlie*

*Pfaffenhütchen*

*Semikaktusdahlie*

*Hagebutten*

*Seerosenblütige Dahlie*

*Sanddorn*

## Früchte des Gartens

### Natürliche Lampions

Ein besonderes Highlight im ausgehenden Sommer sind die roten oder orangefarbenen aufgeblähten Blütenkelche der Lampionblume. Fast scheint es, als seien sie nur zu unserer Freude und Zierde der Häuser erschaffen worden.

Bei der Lampionblume handelt es sich um eine recht problemlose Staude, die an sonnigen bis halbschattigen Plätzen wächst und sich dort, wo es ihr gefällt, rasch ausbreitet.

Man schneidet die Äste mit den Blütenköpfen ab und kann sie entweder frisch in die Vase stellen – sie halten sehr lange – oder mit den Köpfen nach unten an einem luftigen, trockenen Platz aufhängen. Zusammen mit im Sommer getrockneter Schafgarbe oder getrockneten Hortensienblüten eignen sich Lampionblüten für Gestecke und Kränze. Sie können die einzelnen Blütenkelche aber auch kurz abschneiden und einzeln auf Silberdraht oder Bindfaden aufziehen. Diese Ketten wirken am Fenster ebenso schön wie als Tischdekoration.

Lampionblumen eignen sich gut für Dekorationen.

> **Natürliche Kerzenständer**
>
> Kleben Sie mit einer Heißklebepistole die Blütenkelche der Lampionblume einzeln um den oberen Rand eines Terrakottatopfes herum. Eine schlichte weiße Kerze, die etwas höher als der Topf ist, wird nun einfach hineingesetzt.

### Bunte Früchte der Ziergehölze

Mit den Zweigen der Obstgehölze lässt sich natürlich auch dekorieren, viel schöner sind allerdings unsere Ziergehölze, die im Herbst im Garten mit zierlichen Früchten aufwarten. In Sträußen und Kränzen sind sie wunderbare Partner von Dahlien und Astern. Sie wirken aber auch einzeln in einer großen Kanne oder einem geflochtenen Korb.

Allen voran symbolisiert die Wildrose mit ihren Früchten, den Hagebutten, den Reichtum der Natur. Es gibt zahlreiche Wildarten mit verschieden großen ovalen oder eher rundlichen Früchten. Lange haltbar und vielseitig verwendbar sind vor allem die Arten mit kleinen ovalen Hagebutten, die früh ihre Blätter verlieren. Die Äste, an denen die Hagebutten sitzen, lassen sich gut biegen, sodass sie einfach um einen runden festen Draht gewickelt werden kön-

*Viele Früchte und Zweige können in einem herbstlichen Türkranz verarbeitet werden.*

nen. Kleine Ringe können als Serviettenringe dienen, größere kann man als Türkränze verwenden. Aber auch Vogelbeere, Schneebeere, Zierkirsche, Pfaffenhütchen und Zierapfel sind äußerst dekorative Gehölze.

Vor allem Zieräpfel sind für den Gärtner doppelt von Nutzen: Im Frühjahr sind Zierapfelbäume über und über mit weißen bis rosafarbenen kleinen Blüten übersät. Im Herbst produzieren sie ebenso viele kleine Äpfel. Manchmal ist sogar das Laub bunt gefärbt.

## Gemüse als Schmuck

Was wäre der Herbst ohne Kürbisse? Es gibt sie in den unterschiedlichsten Formen und Größen; Teufelskrallen, Flaschenkürbisse oder Mini-

Früchte des Gartens | 153

Zierkürbisse sehen besonders schön aus, wenn man sie in große Körbe in den Eingangsbereich oder auf die Terrasse stellt. Gut dazu passen Ziermaiskolben, bei denen häufig ganz verschiedenfarbige Körner an einem Kolben sitzen. Minimais mit bunten Körnern gibt es von verschiedenen Anbietern. Er wird im Mai ausgesät und kann im Oktober geerntet werden. Besonders empfehlenswert ist die Sorte 'Little Jewels'.

Bei der Fülle an Früchten, die bereits ein einziger Kürbissamen produziert, müssen nicht alle Kürbisse zum Verzehr verbraucht werden. Man kann sie auch zu ansehnlichen Halloweenleuchten umfunktionieren.

Das macht vor allem Spaß, wenn man kleine Kinder hat, die aus den Kürbisköpfen Gesichter ausschnei-

*Kürbisse in allen Variationen*

*Aus Riesenkürbissen kann man lustige Halloween-Gesichter schneiden.*

Früchte des Gartens | 155

den. Für ein Herbstfest können Sie aber auch schöne Windlichter produzieren:

- Schneiden Sie den Deckel mit dem Stiel ab.

- Höhlen Sie den Kürbis mit einem Löffel aus. Die Wand sollte etwa 2 cm dick sein.

- Bereiten Sie sich entweder eine Schablone vor oder ritzen Sie filigrane Ornamente, Blüten und Blätter auf dem Kürbis ein.

- Stanzen Sie vor dem Ausschneiden in das Motiv ein Loch ein.

- Schneiden Sie nun von innen heraus die Figur mit einer kleinen Säge aus.

- Stellen Sie bei Dämmerung eine Kerze in den Kürbis und setzen Sie den Deckel wieder oben auf.

*Kürbisse müssen nicht immer ausgehöhlt werden.*

Wunderbar lässt sich auch mit Zierkohl in Sträußen dekorieren. Mittlerweile gibt es auch langstielige Sorten, die in der Floristik gerne verwendet werden. Die kleinen Kohlköpfe sehen fast wie Rosen aus.

*Ziergemüse wie dieser Kohl hat besonders attraktive Farben, und er ist auch essbar – Augen- und Gaumenschmaus zugleich!*

# Herbstliche Top(f)-Dekorationen

Der Sommer verabschiedet sich und viele Bepflanzungen in Töpfen und Gefäßen müssen ausgetauscht werden.

Die Blüte ist vorüber, zudem werden die Pflanzen in Gefäßen viel stärker beansprucht als in Blumenbeeten. Häufig sind es die Einjährigen, deren Hauptzeit nun zu Ende geht.

Auf Terrasse und Balkon lassen sich jetzt noch einmal schöne herbstliche Kreationen gestalten mit verschiedenen Pflanzen in Töpfen. Vor allem Brauntöne sind im Herbst angesagt, Terrakottatöpfe oder Metallgefäße, die schon etwas angerostet sind, eignen sich besonders gut, um die Herbstblüher in Szene zu setzen.

Auch hier sind es wieder Astern und Chrysanthemen, die eine Hauptrolle spielen, produzieren sie doch wirklich eine Fülle an Blüten. Etwas weniger spektakulär aber genauso schön und etwas länger haltbar sind beispielsweise Heidearten, die typischen Herbstpflanzen für Blumen-

*Herbstliche Pflanzgefäße aus Rinde mit Alpenveilchen, Astern, Enzian und Chrysanthemen*

# Herbstliche Top(f)-Dekorationen

*Skimmien und Heidekraut halten sich auch bei niedrigeren Temperaturen.*

Neu auf dem Markt ist eine Hornveilchen-Serie, die 'Ice Babies', die auch bei Frost und vom Herbst bis ins Frühjahr hinein blühen sollen. Daneben sind dankbare Topfpflanzen Hebe- und Wolfsmilch- oder *Sedum*-Arten, die mit schönen weißen, rosa oder roten Blüten versehen sind. Versuchen Sie es einmal mit *Cotoneaster* im Topf, der im Frühjahr in den Garten ausgepflanzt werden kann.

Für Staudengärten besonders empfehlenswert sind Purpurglöckchen mit schönem dunkelrotem Laub zur Herbstzeit. Pflanzen, die im Frühjahr in den Garten versetzt werden, kann man durchaus im Herbst in größere Töpfe setzen, zusammen mit Gräsern oder Salbei. Die optische Wirkung ist erstaunlich.

Die vielen bunten Farben auf Terrasse und Balkon in Kästen und Kübeln kommen besonders zur Geltung, wenn sie mit Immergrünen kombiniert werden. Efeu, Symbol der Vergänglichkeit und ewigen Lebens, passt sich jeder Farbe an und mildert durch seinen rankigen Wuchs harte Kanten und Ecken ab.

kästen. Für die Herbstbepflanzung sollten sie Sommer- oder Schneeheidesorten wählen. Achten Sie beim Kauf auf Knospenblüher. Bei diesen Pflanzen öffnen sich die Knospen nicht ganz und rieseln auch nicht. Die Blüten bleiben länger an der Pflanze.

| Geeignete Knospenblüher der Heidepflanzen | | |
|---|---|---|
| **Sorte** | **Farbe** | **Blühzeit** |
| 'Amethyst' | purpurrot | September–November |
| 'Anette' | rosa | September–November |
| 'Larissa' | leuchtend rot | September–Oktober |
| 'Melanie' | weiß | September–Dezember |

# Arbeitskalender für Herbst und Winter

|  | Oktober | November |
|---|---|---|
| **Ziergarten**  | • Frühlingszwiebeln (z. B. Kaiserkrone, Schachbrettblume, Schneeglöckchen) und Herbstzwiebeln (Herbstzeitlose, Herbstkrokus), Stauden und Koniferen pflanzen<br>• kurzlebige Stauden zurückschneiden<br>• Samen von z. B. Fingerhut, Wicke, Tagetes ernten<br>• kälteempfindliche Kübelpflanzen ins Haus holen | • wurzelnackte Laubgehölze und Rosen pflanzen<br>• Kübelpflanzen wie Engelstrompete, Bleiwurz, Pelargonie kräftig zurückschneiden<br>• frostempfindliche Knollenpflanzen (Dahlien, Indisches Blumenrohr, Gladiolen, Knollenbegonie) ausgraben<br>• Stauden teilen<br>• letzte Kübelpflanzen einräumen<br>• Rasen ein letztes Mal mähen |
| **Nutzgarten**  | • Endivien, Zuckerhut, Wintersalat, Chicoree in Kisten mit Sand setzen und im Keller frostfrei aufbewahren<br>• späte Möhren, Zwiebeln, letzte Tomaten, Kohlarten, Sellerie ernten<br>• Schnittlauch und Petersilie für den Winterbedarf in Töpfe pflanzen<br>• frostempfindliche Kräuter vor den ersten Frösten ins Haus holen<br>• noch bis Anfang des Monats Gründüngung auf abgeerntete Beete einsäen | • Gemüselager kontrollieren<br>• Wasserbehälter leeren<br>• Geräte reinigen und einfetten<br>• spätes Gemüse wie Weißkohl, Sellerie, Grünkohl, Schwarzwurzeln ernten<br>• Staudenkräuter teilen und umpflanzen<br>• Winterschutz für frostempfindliche Kräuter |
| **Obstgarten**  | • Johannisbeere, Stachelbeere pflanzen<br>• unter Gehölzen Mulchmaterial ausbringen<br>• Fallobst aufsammeln<br>• abgestorbene Äste herausschneiden<br>• Walnüsse, Äpfel, Birnen, Pfirsiche, Mirabellen etc. ernten<br>• Lagersorten unbedingt ausreifen lassen | • Obstbäume, Johannisbeere, Stachelbeere pflanzen<br>• nach der Ernte mit Kompost düngen<br>• abgefallenes Laub als Wintermulch auf den Baumscheiben ausbringen<br>• Beginn des Obstbaumschnittes<br>• Spätobst einlagern |

## Arbeitskalender für Herbst und Winter

| Dezember | Januar | Februar |
|---|---|---|
| • Kaltkeimer (z. B. blauer Eisenhut) aussäen<br>• Gladiolen- und Dahlienknollen kontrollieren | • Frostkeimer (z. B. Trollblume) aussäen<br>• Gartenplan erstellen<br>• Samen kontrollieren | • Einjährige Sommerblumen in Kistchen vorziehen<br>• Ziergehölze schneiden<br>• stark besonnte Pflanzen an der Südseite mit Fichtenzweigen abdecken<br>• Knollenbegonien und Dahlien aus dem Keller holen und in Komposterde vortreiben |
| • Ernte der winterharten Gemüsearten<br>• Gemüselager kontrollieren | • Radieschen im Gewächshaus vorziehen<br>• Keimproben von Saatgut durchführen<br>• Gartenplan erstellen<br>• Ernte der winterharten Gemüsearten | • Tomaten, Sellerie, Blumenkohl in Saatkistchen auf der Fensterbank vorziehen<br>• erste Aussaaten ins Freiland: Spinat, Melde, Frühmöhren, Schwarzwurzeln<br>• Gemüselager kontrollieren<br>• Gründüngungsreste aushacken, Kompost ausbringen<br>• Frühkartoffeln zum Keimen in Kisten legen |
| • Winterschnitt der Obstbäume<br>• Obstlager kontrollieren<br>• Leimringe kontrollieren<br>• bei starken Schneefällen Bäume von der Schneelast befreien | • Winterschnitt der Obstbäume<br>• Obstlager kontrollieren<br>• bei starken Schneefällen Bäume von der Schneelast befreien | • Obstbaumschnitt beenden<br>• Bäume mit Kalkanstrich versehen<br>• Nistkästen reinigen |

# Was grünt und blüht im Winter?

Winterblüten vom Feinsten

Stauden im Winter – kleine Schätze

Immergrüne haben viel zu bieten

# Winterblüten vom Feinsten

Was im Frühling und Sommer selbstverständlich ist, wird im Winter mit Freude begrüßt. Gehölze und einige wenige Stauden, die in der kalten Jahreszeit blühen, sind kleine Wunderwerke.

Um ihr Überleben zu sichern, haben sich Winterblüher auf ihre Umgebung eingestellt und sich besondere Strategien zur Fortpflanzung angeeignet. Häufig blühen sie in Phasen, die von Minustemperaturen unterbrochen werden. Wird es dann wieder wärmer, zeigen sich die nächsten Blüten. Auf diese Weise erhöht sich die Wahrscheinlichkeit, dass Samen angesetzt werden.

Auch wenn die Pflanzen wirklich abgehärtet sind, lohnt es sich doch, sie an einen geschützten Standort zu pflanzen. Schäden durch starken Frost oder heftigen Wind können so vermieden werden.

Manche Winterblüher eignen sich sogar für die Bepflanzung von Gefäßen. Wichtig ist hier ein ausreichend großer Topf und eine Drä-

nageschicht aus Kies, um Staunässe zu vermeiden. Packen Sie die Töpfe im Winter gut ein, damit Sie viele Jahre Freude an den Winterblühern haben.

*Gehölze mit Besonderheiten*

Vor allem unter den Gehölzen gibt es einige spektakuläre Blüher. Es do-

minieren vor allem die Farben Gelb und Rosa. Häufig erscheinen zunächst nur die Blüten und erst im frühen Frühjahr die Blätter. Der Kontrast zum bräunlichen Trieb, an dem die Blüten sitzen, unterstreicht die optische Wirkung noch.

### Winterblüte

Ist die Witterung mild, nimmt man manchmal schon im Dezember den süßen Vanilleduft der wunderschönen Blüten von *Chimonanthus praecox* wahr. Sie sind blassgelb, in der Mitte aber intensiv purpur gefärbt, und erscheinen oft schon im Dezember, um dann bis Februar/März ununterbrochen zu blühen. Allerdings funktioniert das nur an einem etwas geschützten Standort, am besten nahe einer Mauer, die etwas Wärme speichern kann.

Ansonsten ist die Winterblüte recht anspruchslos, wird etwa 2,5 m hoch und wächst etwas ausladend sparrig, was ihr aber eine interessante Note verleiht.

Schön ist auch ihr Herbstlaub in Grüngelb bis Gelb, das erst spät abgeworfen wird.

### Winterheide

Man kann die Schnee- oder Winterheide, *Erica*, ganz sicher als Dauerblüher bezeichnen, denn ihre zart weißen oder rosafarbenen Blüten erscheinen von Dezember bis März. Sie zählt zu den immergrünen Gehölzen und wird als kompakter Zwergstrauch nicht höher als 0,5 m. Ein sonniger Standort und ein sandiger bis saurer Boden bekommen ihr besonders gut. Eine besondere Wirkung erreicht man vor allem bei großflächiger Pflanzung, z. B. eines Heidegartens. Kombiniert mit Frühjahrs- und Herbstblühern gibt es dann das ganze Jahr über etwas zu bewundern.

Schneiden Sie ihre Winterheidesträucher etwa alle vier Jahre, sonst lässt die Blühwilligkeit nach.

*Bei der Winterblüte erscheinen zuerst die Blüten, dann die Blätter.*

*Wie verzaubert erscheinen dem Betrachter diese vom Schnee bedeckten Blätter und Blüten.*

*Die Winterheide entwickelt zierliche Blüten.*

*Rotblühende Zaubernusssorten bereichern jeden Wintergarten.*

# Winterblüten vom Feinsten

## Zaubernuss

Ihre Kronblätter wirken wie flach gedrückte Spinnenbeine, die etwas ungeordnet durcheinanderliegen, und geben dem Gehölz gerade dadurch seine zauberhafte Wirkung. Häufig kommt die Zaubernuss, *Hamamelis*, in gemischten Hecken vor, was ihrer Eignung als winterblühendem Gehölz aber nicht gerecht wird. Am besten kommt sie als Solitär zur Geltung und zwar in Hausnähe, damit ihr angenehmer Duft auch wahrgenommen wird.

Meist wird die Zaubernuss als Strauch gezogen, durch spezielle Schnittmaßnahmen kann aber auch ein Baum Ihren Garten zieren.

Neben der Farbe Gelb sind noch Karmin und knalliges Rot im Repertoire, doch hat das klassische Gelb die beste Fernwirkung.

Besonders beliebt ist *Hamamelis mollis*, die Chinesische Zaubernuss. Wählen Sie bei einer Neupflanzung am besten die intensiv süß duftende Sorte 'Goldcrest'.

Die Kreuzung *Hamamelis intermedia* hat viele rot blühende Sorten herausgebracht, z. B. 'Diane' oder 'Jelena'.

## Winterjasmin

Es gibt wohl kaum einen anderen pflegeleichten Winterblüher, der sich an jeder noch so schattigen Ecke gern ausbreitet.

Ein Feuerwerk gelber Blüten, das den ganzen Winter über anhält, schenkt er uns aber nur an einem sonnigen Standort.

*Ihre Wirkung entfaltet die Zaubernuss vor allem aus einiger Entfernung.*

### Tipp

Winterjasmin kann ganz einfach vermehrt werden. Sobald ein Trieb auf die Erde gelangt, bildet er neue Wurzeln. Die so entstandenen kleinen Pflänzchen trennt man vorsichtig von der Mutterpflanze ab und gräbt sie aus. Sie können zu Weihnachten verschenkt oder an einer anderen Stelle im Garten eingesetzt werden.

Die Blüten sitzen an peitschenähnlichen, lang überhängenden Trieben, die man gut an einer Kletterhilfe oder einem Rankgitter befestigen kann. Aber auch ganz ohne Stütze legen sie sich locker über Mauervorsprünge und Treppen. Nimmt der Strauch nach der Blüte im Frühjahr zu viel Platz weg, kann er problemlos eingekürzt werden.

*Winterjasmin ist pflegeleicht. Die überhängenden Triebe sind zu allen Jahreszeiten schön anzusehen.*

## Duft-Heckenkirsche

*Lonicera purpusii* sollten Sie unbedingt an einen stark begangenen Weg im Garten oder an einen ähnlich oft frequentierten Platz setzen, damit der wunderbare Duft auch genossen werden kann. Die cremeweißen Blüten des etwa 2 m hoch werdenden Strauches erscheinen von Dezember bis April. Aus ihnen entwickeln sich im Sommer rote Früchte.

Der Strauch ist wintergrün, das heißt, er behält seine Blätter den Winter über und wirft sie gegen Ende der kalten Jahreszeit ab, bevor sich wieder neue Blätter bilden. Schön an dem Winterblüher ist auch der überhängende Wuchs der Zweige, der einen eleganten Eindruck macht.

In der Kultur ist die Duft-Heckenkirsche problemlos. Das gilt übrigens auch für die Vermehrung durch Stecklinge.

### Winterblühende Mahonie

Dieser winterblühende Zierstrauch bringt von Ende Januar bis zum Frühling entzückende zitronengelbe, locker in Trauben sitzende Blüten hervor. Der Duft ist so angenehm, dass der Strauch unbedingt in Hausnähe angepflanzt werden sollte.

Der Strauch selbst wird etwa 2 m hoch und ist auch in den anderen Jahreszeiten nicht unansehnlich. Besonders die Blätter mit den dornigen Zähnen ziehen bei Minusgraden die Blicke auf sich.

### Schneekirsche

Die Art *Prunus subhirtella* findet man in fast jedem Garten Japans. Tatsächlich wird sie auch mit Hingabe gepflegt und blüht dann in Schüben und witterungsabhängig vom

*Mahonien gedeihen gut an wintermilden, geschützten Standorten.*

*Die Blüten des Winterschneeballs sitzen in endständigen Rispen zusammen.*

Herbst bis zum Frühjahr. Beeindruckend sind vor allem die zarten weißen Blüten, die knospig mit einem Rosaton überzogen sind. Neben der Sorte 'Autumnalis' sind vor allem 'Pendula rubra' mit rosafarbenen Blüten und 'Stellata' mit ihren sehr großen Blüten empfehlenswert.

Nicht nur in Japan, sondern auch bei uns in Mitteleuropa entfalten die überhängenden Zweige des großen Strauches beziehungsweise kleinen Baumes ihre ganz eigene Wirkung.

### Winterschneeball

Auch der Winterschneeball *Viburnum bodnantense* wartet mit duftenden Blüten von Oktober bis zum März auf. Allerdings ist der Großstrauch empfindlich, wenn es kalt wird. Bei Minusgraden erfrieren die Blüten. Sobald das Quecksilber wieder steigt, kommen aber neue Blüten zum Vorschein.

Die Blüten stehen in Schirmrispen zusammen, ihre Farbe ist rosa-weiß.

Bei der häufig gepflanzten Sorte 'Dawn' sind die Blüten etwas dunkler rosa gefärbt, verblassen dann aber mit dem Aufblühen.

# Stauden im Winter – kleine Schätze

Oft sind es nicht die ganz großen Blüten und spektakulären Blattformen, die uns in Staunen versetzen, sondern die kleinen Blüten, die sich durch Schnee und Eis kämpfen.

Eine der seltenen winterblühenden Stauden ist die Christrose. Ihre Blüten gleichen tatsächlich den Wildrosen, und dass sie zur unwirtlichsten Zeit des Jahres erscheinen, lässt uns immer wieder erstaunen und bestärkt so manchen im Glauben an das Weihnachtswunder.

Die meisten anderen Stauden erscheinen im Spätwinter, phänologisch gesehen im Vorfrühling. Diese Pflanzen sollen hier dennoch besprochen werden, denn so lange sich die weitaus feinere Einteilung des phänologischen Kalenders noch nicht durchgesetzt hat, läuten die Vorfrühlingsblüher zwar den Frühling ein, blühen aus unserer Sicht jedoch noch im Winter.

**Vorfrühlings-Alpenveilchen**

Dass es zu verschiedenen Zeiten blühende Alpenveilchen gibt, wissen nur Liebhaber der Gattung *Cycla-*

*Der Winterling blüht oft schon Ende Februar.*

*Um Christrosen ranken sich zahlreiche Mythen – der Name ist Programm.*

men. Das Vorfrühlings-Alpenveilchen, *Cyclamen coum*, ist eine Besonderheit, blüht es doch fast gemeinsam mit dem Schneeglöckchen, an geschützten Plätzen sogar schon im Februar. Dann bricht es mit seinen rosafarbenen Blüten auf hohen Stängeln sogar durch den Schnee, was ganz besonders schön aussieht.

Bedenken Sie bei der Pflanzung, dass Alpenveilchen Staunässe gar nicht vertragen und gern auf kalkhaltigem Boden wachsen. Wo sie sich wohlfühlen, können ganze Platten entstehen, vor allem im Halbschatten am Gehölzrand erregt ein so entstandenes Blütenmeer großes Erstaunen.

**Schneeglöckchen**
Seit einigen Jahren ist unter Pflanzenliebhabern eine Art Galantophilie ausgebrochen. Schon immer haben wir Schneeglöckchen, *Galanthus*, gemocht, diese Frühlingsboten und unerschütterlichen Frühblüher im Garten. Doch wer wusste bisher, dass es so viele unterschiedliche Arten und Sorten gibt, die man häufig gar nicht kaufen kann, sondern auf den verschiedenen Schneeglöckchen-Tagen tauschen muss?

Immerhin gibt es etwa zwanzig verschiedene Arten, die sich hauptsächlich anhand der Blattstellung unterscheiden. Es lohnt sich sicher, einmal etwas Neues auszuprobieren und zu pflanzen, denn die Schneeglöckchen ziehen sich nach der Blüte dezent zurück und machen so den Frühjahrsblühern Platz.

**Christrose**
Der Star unter den Winterblühern ist zweifellos die Christrose *Helleborus niger*. Eigentlich blüht sie erst ab Februar, züchterische Anstrengungen haben allerdings dazu geführt, dass wir schon ab November blühende Pflanzen haben, die auch in Töpfen auf Balkon und Terrasse oder aber auf dem Friedhof in Gestecken und Schalen eine gute Figur abgeben.

Interessant ist die früh und reich blühende Sorte 'Joshua'. 'Josef Lemper' blüht später ab Weihnachten, ist wüchsig und großblumig. Wichtig bei Christrosen ist der richtige Standort. Sie bevorzugen kalkreiche Böden im Schatten, die nährstoffreich sein können.

*Schneeglöckchen breiten sich an geeigneten Standorten gern aus.*

*Vorfrühlings-Alpenveilchen blühen bereits ab Februar.*

# Immergrüne haben viel zu bieten

Im Winter ist es trist, eintönig und langweilig? Das muss nicht sein, wenn Sie im Garten einige Immergrüne gepflanzt haben, die besonders im Winter für Abwechslung sorgen.

*Gut in Form geschnitten sind Immergrüne ein Blickfang.*

# Immergrüne haben viel zu bieten

*Imposant und ein wenig gespenstisch wirken manche Koniferen.*

Grün ist nicht gleich grün, das wird dem Gärtner erst im Winter so richtig bewusst, denn dann haben die immergrünen Gehölze ihren großen Auftritt. Nach einer Zeit der bunten Farben und des Überflusses an Früchten und Blüten kann gerade diese klassisch-schlichte Schönheit betören und verzaubern.

## Planen für den Winter

Mit einer guten Planung wird es auch im Winter etwas zu sehen geben, doch leider wird die kalte Jahreszeit viel zu selten ebenbürtig mit den anderen Monaten berücksichtigt. Bedenken Sie, dass im Winter viele Stauden und Zwiebelpflanzen einziehen, also von der Erdoberfläche verschwinden. Hat man nur einen kleinen Garten mit wenigen oder gar keinen Gehölzen, ist die Fläche dann kahl und flach. Es lohnt sich kaum, den Blick durch das Fenster nach draußen zu werfen. Planen Sie deshalb im Frühjahr den nächsten Winter mit ein oder denken Sie bei der Gestaltung Ihres Gartens daran – der nächste Winter kommt bestimmt.

**Strukturen durch Immergrüne**
Dankbar für jede Wintergestaltung ist beispielsweise Buchs. Setzen Sie kleine Pflanzen um die Gemüsebeete herum, die so dicht zusammenstehen müssen, dass sie eine Hecke ergeben. Im Sommer ergibt das eine schöne Grenze zu dem übrigen Garten, im Winter ist eine Buchshecke strukturgebend.

Auch zwischen Staudenbeeten lassen sich kleine Buchsbäumchen als Hochstamm platzieren, schön wirken vor allem auch im Winter Gärten mit vielen verschieden großen Buchskugeln.

Einen auflockernden Eindruck schafft man mit locker überhängenden Immergrünen wie der Kanadischen Hemlocktanne.

Natürlich, verträumt und zugleich pflegeleicht sind Pflanzungen mit Efeu, der sowohl auf der Erde entlangkriechen kann als auch Bäume und Mauern emporklettert und mit seinen Grüntönen überzieht.

Auf Fruchtschmuck muss man aber auch bei Immergrünen nicht verzichten: Viele Gehölze, wie etwa Ilex oder Scheinbeere entwickeln erst im Winter ihre wunderbar bunt gefärbten Beeren.

### Winterschmuck in Töpfen

Auf der Terrasse und dem Balkon kann die Winterbepflanzung einfacher eingeplant werden. Auch im Sommer und Herbst kann man sich in Baumschulen und Gärtnereien

Nadelgehölze, wie diese Zwergkiefer, gibt es auch für die Topfbepflanzung.

noch immergrüne Pflanzen auswählen. Um stattliche Exemplare zu erhalten, müssen Sie allerdings entweder gleich größere und damit teurere Pflanzen nehmen oder einige Jahre abwarten.

### Pflege

Da immergrüne Gewächse auch im Winter Wasser über die Blätter verdunsten, neigen sie viel mehr als andere Pflanzen zum Vertrocknen. Gießen Sie deshalb in frostfreien Perioden. Wichtig ist auch, dass das Wasser abfließen kann, denn der Frost kann die Töpfe sprengen. Bei empfindlicheren Gehölzen, die draußen bleiben können, darf man den Winterschutz nicht vergessen.

---

**Winterbepflanzung für Balkon und Terrasse**

- Blütenskimmie
  *Skimmia japonica* 'Rubella'

- Feuerdorn
  *Pyracantha*

- Zwergmispel
  *Cotoneaster dammeri*

- Buchsbaum
  *Buxus*

- Spindelstrauch
  *Euonymus*

- Eibe
  *Taxus cuspidata* 'Nana'

- Zuckerhutfichte
  *Picea glauca* 'Conica'

Mahonien punkten mit einer rötlichen Blattfärbung und mit blau bereiften Früchten.

## Die wichtigsten Immergrünen im Porträt

Wenn Sie nicht wissen, für welche Pflanze Sie sich entscheiden sollen, helfen Ihnen die folgenden Porträts bei der Auswahl.

### Buchsbaum

Die Gattung *Buxus* umfasst zahlreiche Arten immergrüner, meist gut verzweigter Bäume und Sträucher. Bei uns verbreitet ist vor allem der Gewöhnliche Buchsbaum, *B. sempervirens*, von dem es viele Sorten und immer wieder Neuzüchtungen gibt. Sie unterscheiden sich durch Blattfarbe, Blattgröße, Wuchsform und Wuchsgeschwindigkeit. 'Blauer Heinz' und 'Herrenhausen' seien hier stellvertretend genannt.

Seit der Renaissance- und Barockzeit ist Buchs aus den Gärten nicht mehr wegzudenken. Schon während dieser Stilepochen verwendete man den schnittverträglichen Strauch für Beeteinfassungen und den Schnitt von Skulpturen.

Für den Formschnitt gut geeignet ist die Art *B. microphylla* 'Faulkner'. Der Strauch ist sehr frosthart und wächst von Natur aus rundlich. Im Spätsommer verfärben sich die glänzend dunkelgrünen Blätter zart blaurot, um im Winter nach braunrot zu changieren.

> **Tipp**
>
> Obwohl Buchs durch seine schön geschnittenen Formen beliebt ist, kann man ihn auch ohne Schnitt wachsen lassen. Probieren Sie aus, was Ihnen besser gefällt.

Gerade im Winter sind in Form geschnittene Buchsbäume äußerst sehenswert, seien es nun Kugeln, Kegel oder Skulpturen. Die Schönheit hat allerdings ihren Preis: Regelmäßige Schnittmaßnahmen sind unerlässlich.

*Zu breiten Kugeln geformt wirken Buchsbäumchen besonders adrett.*

Immergrüne haben viel zu bieten | 177

*Auch im Winter büßt Buchs nichts von seiner Attraktivität ein – im Gegenteil.*

## *Schönfrucht*

Dass die Schönfrucht, *Callicarpa bodineri*, auch als Liebesperlenstrauch bezeichnet wird, leuchtet beim Anblick der Früchte sofort ein. Allerdings zählt er nicht zu den immergrünen Gehölzen, sei hier aber dennoch erwähnt, da im Winter zwar die Blätter fehlen, die farbenfrohen Früchte in Lila, Rotviolett oder Pink – übrigens Steinfrüchte – dadurch jedoch umso besser zur Geltung kommen.

### Zwergmispel

Hauptsächlich handelt es sich bei den Zwergmispeln, *Cotoneaster*, um bodendeckende, niedrig wachsende Gehölze, die Gattung ist jedoch so umfangreich, dass auch Sträucher und kleinere Bäume zu finden sind.

Für den Wintergarten ist nicht nur das immergrüne Laub bestechend, sondern vor allem auch die große Fülle an roten bis bräunlich roten Früchten.

Besonders schön wirkt die Zwergmispel, wenn sie über Mauervorsprünge hinabwächst und so auch unscheinbaren Flächen zu neuem Glanz verhilft.

*Leuchtend rote, beerenartige Früchte und glänzende Blätter sind charakteristisch für die recht anspruchslose und pflegeleichte Zwergmispel, Cotoneaster.*

## Spindelstrauch

Besonders interessant als Winterschmuck ist der Kletterspindelstrauch, *Euonymus fortunei,* der als Strauch kriechend den Boden bedecken kann, aber auch besonders schön wirkt, wenn er mit seinen Haftwurzeln Bäume und Mauern erklimmt. Sorten wie 'Emerald'n Gold' können außerdem kegelförmig erzogen werden. Es handelt sich also um eine sehr wandlungsfähige Immergrüne, universell einsetzbar als Zwerggehölz auch in Töpfen, als Hochstämmchen, Bodendecker oder Kletterpflanze. Neben 'Emerald'n Gold', der sich durch graugrüne Blätter mit leuchtend gelbem Rand auszeichnet, ist noch die Sorte 'Silver Queen' mit grünen Blättern und breitem weißem Rand oder Flecken empfehlenswert.

## Efeu

Romantik pur, das schafft Efeu, wenn er spielerisch Bäume erklimmt, an Mauern emporklettert oder sich um schöne Rankhilfen windet. Eigentlich ist Efeu, den es in ganz verschiedenen Arten und Wuchsformen gibt, eine Ganzjahrespflanze. Es gibt zwar keinen spektakulären Höhepunkt, dennoch besticht er durch seine Treue und Beständigkeit und ist zudem noch ausgesprochen pflegeleicht.

Fühlt er sich an einem Standort wohl, lichter Halbschatten bis Schatten wird bevorzugt, bleibt er jahrelang erhalten und breitet sich aus. Die Altersform entwickelt dann auch kugelige Blütendolden, die bis in den Winter hinein stehen bleiben und eine schöne Bereicherung der winterlichen Vielfalt darstellen.

### Tipp

Wer nicht viel Zeit für den Garten hat, dennoch aber ganzjährig einen ansehnlichen Anblick wünscht, dem sei der Spindelstrauch empfohlen.

*Je nach Alter der Triebe zeigt der Efeu unterschiedliche Blattformen.*

*Auch ohne Früchte ist* Ilex *schön anzusehen.*

### Stechpalme

Denkt man an Stechpalmen, *Ilex*, dann denkt man an Weihnachten. Die edlen, ganzrandig gezackten Blätter mit den schönen roten Früchten werden sehr gern für den weihnachtlichen Schmuck verwendet.

Im Garten spricht ebenfalls nichts dagegen, den Strauch oder kleinen Baum, je nach Art, zu pflanzen. Mancherorts findet man ihn in Hecken integriert, und auch als Kübelpflanze ist er durchaus geeignet.

*Ilex aquifolium* ist die Art mit den ganz typischen Blättern. Manchmal mit Lorbeer verwechselt wird dagegen *I. meserveae*.

*Ilex* wächst bevorzugt an halbschattigen bis schattigen Plätzen und ist zweihäusig, das heißt es gibt weibliche und männliche Pflanzen.

Nur die weiblichen entwickeln die schönen roten Früchte. Erkundigen Sie sich vor dem Kauf deshalb unbedingt nach fruchtenden Sorten.

Sorten mit einem zarten, aber deutlich sichtbaren Rand sind besonders attraktiv:

- 'Alaska': gelber Rand; wächst buschig und bleibt kleiner, ist aber nicht ganz so frosthart
- 'Golden van Tol': gelber Rand
- 'Argenteomarginata': weißer Rand
- 'Aureovariegata': buntlaubig

## Skimmie

Auch Skimmien, *Skimmia*, zählen zu den wirklichen Bereicherungen unserer Gärten. Sie benötigen nur wenig Pflege und sind überaus attraktive Pflanzen, vor allem im Winter. Besonders gut geeignet für den winterlichen Garten ist *Skimmia reevesiana*, deren kugelige rote Früchte bis in den Winter in dichten Trauben am Busch stehen. Die Blätter erinnern an Lorbeer und duften aromatisch. Besonders wohl fühlen sich Skimmien im Halbschatten bis Schatten.

*Skimmien lassen sich gut in Blütenhecken integrieren.*

*Thuja entwickelt im Winter einen aromatischen Duft.*

*Wacholder lässt sich gut in Form schneiden.*

*An Kiefern sind vor allem auch die Zapfen schön.*

## Koniferen neu entdeckt

Die Vorzüge von Koniferen kehren erst langsam wieder in unser Bewusstsein zurück, sind sie uns doch durch dichte Thujahecken, die wie Mauern abdunkeln und abschirmen, und viel zu hoch wachsende Fichten ganz abhanden gekommen. Vielleicht liegt es daran, dass gerade asiatische Gärten wieder in Mode sind, die Koniferen ganz selbstverständlich in eine Pflanzung integrieren und kombinieren, überhängende Formen und eine üppige Nadelpracht gezielt einsetzen. Unter Nadelgehölzen stellen wir uns meist große Bäume vor, die in den heutigen kleineren Gärten kaum noch Platz finden. Doch es gibt auch kleinere Arten, die geschickt gepflanzt im Winter ihre schönsten Seiten zum Vorschein bringen und manchmal mit Zapfen aufwarten.

- Blaue Mädchenkiefer: 5 m hoch werdender, bizarr wachsender Baum mit sehr feinen Nadeln; entwickelt sich meist mehrstämmig, gut geeignet für asiatische Gärten.

- Mähnenfichte: ein schöner Solitärbaum, der 8 bis 9 m hoch wird.

- Schirmtanne: Die schattenverträgliche Konifere wird 5 bis 7 m hoch und ist für asiatische Gärten geeignet.

- Wacholder: Die Gattung *Juniperus* ist äußerst vielseitig. Neben dem bodendeckenden Kriech-Wacholder ist für unsere Gärten auch der Säulen-Wacholder interessant. Er wird 3 bis 4 m hoch und passt gut in Heidegärten, aber auch in alle anderen kleineren Gartenanlagen.

- Zuckerhutfichte: Mit nur 1,5 m Höhe zählt sie zu den kleinwüchsigeren Koniferen.

- Krummholzkiefer: Der Wuchs ist breit ausladend, was der ansonsten nur 2 m hoch werdenden Kiefernart ein besonders abstraktes Aussehen verleiht und sie vor allem für asiatische Gärten auszeichnet.

- Kanadische Hemlocktanne: Die Zweige der kleinen Koniferenart hängen apart über.

### Nadelbäume für den Balkonkasten

Mittlerweile gibt es tatsächlich verschiedene klein- und schwachwüchsige Koniferen, die jahrelang bei guter Pflege in Balkonkästen und Kübeln eine gute Figur machen. Sie erreichen durch eine solche Bepflanzung nicht nur ganzjährig gepflegt aussehende Kästen, sondern sparen auch noch Zeit und Geld. Setzen Sie nur eine oder zwei Nadelgehölze in einen Kasten und ergänzen sie die Pflanzung z. B. mit Fuchsien. Für eine Dauerbepflanzung im Kasten eignen sich: schwachwachsende Zwergkiefer, Muschelzypresse, Zuckerhutfichte.

Immergrüne haben viel zu bieten | 183

*Zuckerhutfichten tragen ihren Namen zurecht.*

# Der Nutzgarten im Winter

Was es zu ernten gibt

Lagerkontrolle nicht vergessen!

Planung – das Schönste am Winter

# Was es zu ernten gibt

**Bei geschickter Planung und Einhaltung der Aussaat- und Pflanztermine kann auch im Winter eine passable Ernte eingefahren werden.**

Im Winter gibt es im Garten nicht wirklich viel zu tun: Man muss eigentlich nur ernten, Pflegemaßnahmen sind aufgrund der Witterung kaum möglich und das lästige Unkraut wächst spärlich oder gar nicht.

Auch in der kalten Jahreszeit Gemüse aus dem Garten holen zu können,

*Lauch kann bei offenem Wetter den ganzen Winter über geerntet werden.*

| Wintergemüse – Temperaturen ||
|---|---|
| *Gemüse* | *tiefste Temperatur* |
| Chinakohl | −5 °C |
| Feldsalat | frostfest |
| Spinat | frostfest |
| Grünkohl | frostfest |
| Lauch | frostfest |
| Pastinaken | frostfest |
| Rosenkohl | frostfest |
| Schwarzwurzeln | frostfest |
| Winterportulak | frostfest |

*Ein luftdurchlässiges Vlies erleichtert die Ernte und schützt gleichzeitig vor großer Kälte.*

ist allerdings etwas ganz Besonderes – wahrscheinlich, weil es nicht selbstverständlich ist.

In den kühleren Regionen Mitteleuropas gibt es einige Gemüsearten, die ohne Frostschutz im Freien auskommen. Dazu zählen z. B. Grünkohl, Schwarzwurzeln, Rosenkohl, Lauch, Pastinaken und Winterportulak. Manche Arten, der Grünkohl beispielsweise, benötigen sogar kühle Temperaturen, um wirklich gut zu schmecken.

## So wird's gemacht

Die tiefgefrorenen Pflanzen müssen mit Vorsicht behandelt werden, damit die Blätter später nicht zusammenfallen und ungenießbar werden. Bei Grünkohl und Rosenkohl ist das nicht ganz so wichtig, bei Spinat, Feldsalat oder Winterportulak schon.

Die gefrorenen Blätter dürfen beim Ernten nicht angefasst werden, denn sonst gibt es später im aufgetauten Zustand matschige Stellen. Fassen Sie die Pflanzen ganz unten am Stängel in Bodennähe an und schneiden Sie sie hier auch ab. Die Blätter werden anschließend locker in einem Korb übereinander geschichtet oder, noch besser, in ein Kistchen nebeneinander gelegt. Machen Sie jetzt nicht den Fehler, die Blätter in die warme Küche zu legen – schnelles Auftauen ist ebenfalls schlecht für die Konsistenz. Am besten lässt man das Gemüse in einem kühlen Raum einige Zeit stehen, so kann es sich langsam an wärmere Temperaturen

### Tipp

Planen Sie eine etwas längere Auftauzeit der Gemüse unbedingt ein, wenn Sie das Mittagessen vorbereiten!

gewöhnen. Wer auf Nummer sicher gehen will, wartet von vornherein mildere Temperaturen über dem Gefrierpunkt ab.

Gerade bei Blattgemüsen lohnt es sich, ein Vlies über die Beete zu decken. Das schützt und erhöht die Temperatur leicht, sodass besseres Ernten möglich ist. Vor allem bei Schnee müssen Sie dann nur das Vlies anheben und können die Pflanzen darunter vorsichtig abschneiden.

## Wurzelgemüse

Bei Wurzelgemüse, z. B. Schwarzwurzeln, kann man nur bei offenem Boden und Temperaturen über dem Gefrierpunkt ernten, denn sonst brechen die Wurzeln ab. Doch manchmal kann es Tage und Wochen dauern, bis man wieder in den Garten kann. Um trotzdem wöchentlich frisches Gemüse zu haben, legt man sich an frostfreien Tagen einen kleinen Vorrat an, indem man die Wurzeln mit etwas Blatt in ein Kistchen mit feuchtem Sand einschlägt.

## Spezialität: Winterportulak

Obwohl der Winterportulak ein pflegeleichtes und schnell wachsendes Gemüse ist, wird er in unseren Gärten nur selten angebaut. Das sollte sich unbedingt ändern, denn schon während der Zeit des Goldrausches lieferte das Gemüse wertvolle Vitamine und beugte so Skorbut vor. Der Winterportulak heißt übrigens auch Postelein, Tellerkraut, Kuba-Spinat oder Westindischer Spinat. Da er nur bei niedrigen Temperaturen keimt, sät man ihn am besten ab Ende August/Anfang September aus, um im Oktober mit der Ernte beginnen zu können. Machen Sie Folgesaaten, dann dauert die Erntezeit bis ins Frühjahr hinein.

*Frisch geerntete Schwarzwurzeln ergeben im Winter ein schmackhaftes und gesundes Gemüse.*

*Winterportulak kann im Garten und im Balkonkasten gezogen werden und ergänzt das Gemüseangebot aus dem Supermarkt.*

*Erst nach den ersten Frösten schmeckt Grünkohl richtig gut.*

# Was es zu ernten gibt | 191

Damit die Blätter aufrecht wachsen und nicht so sehr am Boden aufliegen, sät man dicht mit einem Reihenabstand von 10 bis 15 cm. Wenn bei der Ernte nicht zu tief geschnitten wird, treiben die Pflanzen wieder aus.

Eine Vorratshaltung ist nur schlecht möglich, deshalb erntet man immer frisch. Sie können die Blätter gut mit anderen Salaten mischen oder wie Feldsalat zubereiten.

## Alte Gemüse neu entdeckt

Neben Grünkohl, Rosenkohl und Schwarzwurzel gibt es noch einige interessante Wintergemüse aus Großmutters Zeiten, die den Anbau lohnen und außerdem pflegeleicht und unempfindlich sind:

- Die Haferwurzel ist das „Gegenstück" zur Schwarzwurzel und auch unter dem Namen Weißwurzel bekannt. Von März bis Mai ausgesät, kann sie ab Oktober bis zum Frühjahr im Garten geerntet werden. Sie ist ertragreicher als die Schwarzwurzel, wird aber genauso zubereitet.

- Etwas bekannter ist die Pastinake, die man in der Zubereitung mit Petersilienwurzeln vergleichen kann. Sie wird von März bis Mai ausgesät und kann ab Oktober geerntet werden. Vor allem in der Bioküche wird die Pastinake gern eingesetzt.

- Mittlerweile werden auch Steckrüben wieder in Gemüsegeschäften oder auf dem Markt

*Die Ernte der intensiv schmeckenden Pastinakenwurzeln beginnt im Oktober.*

feilgeboten. Früher galten sie als typisches Essen in Kriegszeiten, schwingen sich allerdings nach und nach in die feine Küche auf. Lachs mit Steckrübenpüree ist eine besondere Köstlichkeit. Als Nachkultur von Frühkartoffeln oder Erbsen lässt sie sich gut einsetzen. Ein großes Plus der Rübe: Sie ist sehr gut lagerfähig.

## Neuer Trend: Asia-Salate

In Südostasien werden verschiedene Salate, nahe Verwandte unseres Kohls, schon lange angebaut. Immer mehr erobern sie auch europäische Märkte und ergänzen hier das Herbst- und Wintersortiment. Vor allem bei steigenden Temperaturen und milderen Wintern sind sie eine gute Bereicherung unseres winterlichen Speiseplans.

- Pak Choi ist nahe mit Chinakohl verwandt und hat einen milden, angenehmen Kohlgeschmack.

- Tatsoi schmeckt jung als Salat, im älteren Zustand wird er im Wok kurz angedünstet.

- Mizuna oder Salatkohl ist bei fast jeder Asia-Mischung dabei. Vor allem die Jungpflanzen haben ein zart-herbes Aroma; ältere Pflanzen werden dagegen bei der Zuberreitung oft leicht zäh.

Am besten probieren Sie einfach aus, was in Ihrem Garten wächst und der Familie gut schmeckt.

Sehr bekömmlich sind alle Asia-Salate, vor allem, wenn sie in einem Wok zubereitet werden.

*Pak Choi kann in wintermilden Gegenden angebaut werden.*

# Lagerkontrolle nicht vergessen!

**Nicht nur das frische Ernten im Garten zählt zu den Arbeiten im winterlichen Nutzgarten, sondern auch das Kontrollieren der Lager.**

Normalerweise halten sich gut lagerfähige Gemüse- und Obstsorten den Winter über ohne größere Verluste. Abhängig ist die Lagerungsfähigkeit von der Temperatur, der Luftfeuchte und anderen Lagerbedingungen. Vor allem, wenn diese nicht optimal sind, wie in einem wärmeren Keller, müssen Sie umso häufiger kontrollieren, sonst sind die Mühen von Anbau und Ernte umsonst und die Früchte werden wertlos.

*Nicht jeder Gärtner kann einen so luxuriösen Lagerkeller sein eigen nennen.*

## Lagerkontrolle nicht vergessen

> **Tipp**
>
> Sind Vorratsbehälter wie Eimer und Kisten geleert, sollten sie gründlich gesäubert werden. Viele Krankheiten überdauern und befallen im nächsten Jahr das neu eingelagerte Gemüse oder Obst.

*Wühlmäuse können großen Schaden verursachen.*

### Lagerung im Keller

Es ist sehr wichtig, dass Obst und Gemüse sich nicht berühren. Vor dem Einlagern überprüft man die einzelnen Früchte zwar, mitunter entwickeln sich bereits vorhandene Krankheiten aber erst im Lager. Bei regelmäßiger Kontrolle können faule Früchte entfernt und entsorgt werden, sodass für die gesunden keine Ansteckungsgefahr besteht.

In kühlen Kellern mit weitestgehend gleichbleibenden Temperaturen muss weniger oft kontrolliert werden als im warmen Heizungskeller. Hier wird häufig in Sand eingeschlagen oder einzelne Wurzeln in Zeitungspapier eingepackt und in Erde gesteckt. Eine gewisse Feuchtigkeit ist hierbei die Voraussetzung für eine lange Haltbarkeit. Außerdem muss gut gelüftet werden.

### Lagerung in Mieten

Hat man keine Möglichkeit, Gemüse im Haus einzulagern, bieten Mieten eine gute Alternative. Einziger Nachteil sind Wühlmäuse, die sich an der Ernte laben können. Bewährt hat sich die Methode, direkt auf die Erde Hasendraht zu legen, dann folgt Erde, Gemüse, Erde und zum Schluss eine Schicht Laub oder Stroh.

Kontrollieren müssen Sie hierbei ebenso. Treten Wühlmäuse auf, muss man sich rechtzeitig um die Bekämpfung kümmern. Lassen Sie sich im Gartenmarkt beraten, denn z. B. Wühlmausfallen, richtig aufgestellt, leisten gute Dienste.

### Lagerung in Erdtrommeln

Gut eingegraben unter einer schützenden Erdschicht hält Gemüse lange. Außerdem können gerade bei alten Waschmaschinentrommeln mit Deckel die Wühlmäuse keinen Schaden anrichten. Faule Stellen können aber trotzdem auftreten, sodass eine Kontrolle der Trommeln sinnvoll ist. Faulende Blätter werden rechtzeitig entfernt und das Gemüse ausgeputzt, faule und kranke Früchte herausgenommen und am besten im Hausmüll entsorgt. Auf dem Kompost haben sie nichts zu suchen.

*Lager von Äpfeln und Nüssen in einem offenen Regal im Keller*

# Planung – das Schönste am Winter

Die Ruhe im Garten kann man gut nutzen, um sich Gedanken über die nächste Gartensaison zu machen. Gut geplant ist nämlich schon die halbe Ernte.

*Für die Erstellung des neuen Gartenplanes muss man die alten Gartenpläne zurate ziehen.*

# Planung – das Schönste am Winter

Am intensivsten muss natürlich der Nutzgarten geplant werden. Hilfreich sind die Aufzeichnungen der letzten Jahre.

Wenn Sie mit einem Garten-Tagebuch noch nicht begonnen haben, sollten Sie sich ab dem neuen Jahr damit vertraut machen.

Obwohl man denkt, alles behalten zu können, weiß man oft im Winter schon nicht mehr, welche Bohnensorte so viel Ertrag geliefert hat und welche Möhren so stark von der Möhrenfliege befallen wurden.

Wer dazu keine Zeit hat, muss auf jeden Fall einen Gartenplan erstellen. Nur so vermeidet man Fruchtfolgefehler, die gravierende Auswirkungen auf den Ertrag haben.

Besonders viel Spaß macht es, im Winter Gartenkataloge zu wälzen und neue Sorten auszusuchen und zu bestellen.

Eines sei Ihnen aber ans Herz gelegt: Vertrauen Sie nicht allzu sehr den Bildern in den Katalogen, denn sie versprechen mehr als sie später halten. Erfahrung und der Austausch mit Nachbarn und Freunden über Arten und Sorten ist hier der bessere Ratgeber.

## Der Gartenplan

Nutzgärten sollten gut eingeteilt sein, am besten in vier Parzellen. Häufig geht das allerdings nicht, dann nämlich, wenn die Gartenfläche zu klein ist. Hier, aber auch in jedem anderen Garten, ist Mischkultur eine gute Alternative.

Nur mit einem Plan, an welchem Platz welche Gemüsearten stehen, und den eigenen Notizen, welche Sorten bei guter Gesundheit einen hohen Ertrag gebracht haben, kann der Anbau von Gemüse längerfristig funktionieren.

## Empfehlenswerte Mischkultur

Jetzt haben Sie genügend Zeit, sich über Neuerungen im Garten Gedanken zu machen. Versuchen Sie es doch einmal mit Mischkultur und notieren Sie, welche Partner gut zusammen passen und welche Kombinationen schlecht sind.

| Was passt zusammen? | | |
|---|---|---|
| **Gemüse** | **guter Partner** | **schlechter Partner** |
| Blumenkohl, Brokkoli | Buschbohnen, Sellerie, Tomaten | Zwiebeln, Kohlarten, Kartoffeln |
| Buschbohnen | Bohnenkraut, Erbsen, Erdbeeren, Radieschen, Sellerie | Fenchel, Stangenbohnen, Zwiebeln, Lauch |
| Gurken | Fenchel, Kopfsalat, Spinat, Stangenbohnen, Zwiebeln | Radieschen, Rettich |
| Kopfsalat | Bohnen, Erbsen, Dill, Gurken, Kohl, Schwarzwurzeln, Radieschen | Petersilie, Sellerie |
| Möhren | Endivien, Erbsen, Lauch, Rettich, Salat, Schnittlauch, Tomaten | Pfefferminze |
| Sellerie | Kohlarten, Bohnen, Lauch, Spinat | Kartoffeln, Mais |

Ein winterlicher Gemüsegarten besticht durch doppelten Nutzen: Die Wintergemüse bleiben frisch und bieten mit

## Planung – das Schönste am Winter | 199

*Schnee bestäubt einen reizvollen Anblick.*

# Schnitt- und Pflanzzeit

Hochsaison im Obstgarten

Ziergehölze

Stauden

# Hochsaison im Obstgarten

Die Hauptschnittzeit der Obstbäume ist im Winter. Nur mit den richtigen Schnittmaßnahmen können gute Erträge erzielt und die Bäume lange erhalten werden.

*Der Winter ist eine günstige Zeit für den Schnitt. Störende Triebe sind gut erkennbar.*

Zwischen November und März sollten Obstgehölze geschnitten werden. Dabei darf die Temperatur aber nicht unter −6 °C fallen, da das Holz sonst brüchig wird, was beim Schneiden zu größeren Verletzungen am Baum führen kann.

Dass es gerade bei Obstbäumen viel zu bedenken gibt, leuchtet ein: Wer die Gesetzmäßigkeiten des Schnittes nicht kennt und nicht weiß, welche Auswirkungen die einzelnen Maßnahmen haben werden, riskiert eine schlechtere Ernte. Wenn Sie ganz unsicher sind, ist es ratsam, sich bei Gartenbauvereinen zu informieren, die häufig im Januar und Februar Baumschneidekurse anbieten.

### Das müssen Sie wissen

Bevor Sie zur Schere oder Säge greifen, müssen Sie genau wissen, was zu tun ist und was Sie mit dem Schnitt bewirken wollen.

Zunächst unterscheidet man zwischen einem scharfen und einem schwachen Rückschnitt:

- Ein scharfer Rückschnitt hat einen starken Neutrieb zur Folge. Er wird hauptsächlich als Pflanzschnitt oder Verjüngungs-

# Hochsaison im Obstgarten

*Vernachlässigte Bäume erkennt man schnell. Wird nicht geschnitten, bilden sich Wasserreiser und Quirlholz.*

schnitt von älteren Bäumen durchgeführt.

- Bei einem schwachen Rückschnitt wird ein großer, aber schwacher Neuwuchs angeregt, der der Förderung des nötigen Fruchtholzes dient.

### Kronenformen

Geschnitten wird natürlich auch in Abhängigkeit von der jeweiligen Kronenform. Bei unseren Obstgehölzen unterscheiden wir zwischen der Py-

### *Sommerschnitt*

Bei manchen Gehölzen ist es übrigens sinnvoll, einen sogenannten Auslichtungsschnitt nach der Ernte im Herbst durchzuführen. Johannisbeere, Süß- und Sauerkirsche profitieren vor allem davon. Tatsächlich heilen großflächige Wunden im Sommer während der Vegetationszeit besser als in der Vegetationsruhe. Auch ein Sommerschnitt kann durchaus notwendig werden, vor allem bei Jungbäumen. Überflüssige und zu dicht stehende Triebe werden dann herausgeschnitten. Außerdem lassen sich gerade im Sommer die Leitäste besser abspreizen und waagerecht binden; eine Maßnahme, die die Krone licht- und luftdurchlässig macht.

*Durch sinnvolle Schnittmaßnahmen kann das Längenwachstum von Birnen unterbunden werden.*

*Bereits beim Pflanzen junger Bäume werden der Leitast und die drei bis vier Gerüstäste um 50 % zurückgeschnitten.*

ramiden- und der Hohlkrone, der Spindelkrone und dem Spindelbusch oder der Schlanken Spindel.

Ein Baum muss eine leistungsfähige Krone haben, das Hauptgerüst bilden dabei nur drei Leitäste, die Licht und Luft an Blätter und Früchte lassen.

Neben den Leitästen gibt es die Fruchtäste. Sie sollen möglichst flach wachsen, denn nach den Regeln der Wachstumsgesetze bilden sich an solchermaßen formierten Ästen ausreichend Früchte.

**Schnittwerkzeuge**
Gutes Werkzeug ist vor allem beim Schneiden von Gehölzen unabdingbar. Neben den verschiedenen Baum- und Gartenscheren benötigen Sie eine Baumsäge, einen Fuchsschwanz und eine Hippe für den Schnitt kräftigerer Triebe.

### Unterlage

Als Unterlage bezeichnet man den Wurzelteil der Obstbäume. Sie ist dafür verantwortlich, wie groß ein Baum wird. Beim Kauf von Obstbäumen müssen Sie unbedingt danach fragen, ob es sich um eine stark- oder schwachwüchsige Unterlage handelt.

*Werkzeuge für den Baumschnitt: Teleskopastschneider (blauer Stiel) mit passendem Sägeblatt, große und kleine Astschere.*

### So wird geschnitten

Die Hauptarbeit beim Rückschnitt ist das Schneiden über den Knospen. Was sich so einfach anhört, wird häufig doch falsch gemacht. Es darf über der Knospe weder zu viel Platz sein, noch darf zu dicht über der Knospe geschnitten werden. Der Schnitt muss außerdem leicht schräg durchgeführt werden, nicht gerade und nicht zu steil.

Werden Triebe und Äste abgeschnitten, muss glatt auf Astring ge-

*Zu entfernende Seitentriebe immer dicht am Haupttrieb abtrennen.*

*Kranke Äste werden bis an den gesunden größeren Trieb abgeschnitten.*

## So wird geschnitten

**1** Um das Ausbrechen zu verhindern, werden dicke Äste zunächst von unten eingesägt.

**2** Dann erfolgt der Sägeschnitt von oben – und zwar direkt am Stamm.

**3** Raue Sägewunden heilen besser, wenn man sie mit dem Messer nachschneidet.

**4** Ein Wundverschluss mit künstlicher Rinde schützt vor Pilzsporen und Austrocknung.

arbeitet werden. Wenn hier ein Aststummel stehen bleibt, treibt er möglicherweise neu aus, oder der Stummel trocknet ein und wird zur Eintrittspforte für Holzpilze, die im schlimmsten Fall den Baum zum Absterben bringen.

Schneiden Sie die stärkeren Äste zunächst auf einen Stummel zurück und sägen Sie erst dann glatt ab, damit der Ast nicht ausreißt. Größere Wunden müssen unbedingt mit einem Wundverschlussmittel bestrichen werden, das die Wunde vor Krankheiten schützt und die schnelle Heilung fördert.

## Der Schnitt von Kernobst

Die in jedem Jahr durchzuführenden Schnittmaßnahmen sind abhängig vom Alter der Bäume. Nach dem Erziehungs- und Pflanzschnitt folgen Überwachungs- und Auslichtungsschnitt.

Nach dem ersten und zweiten Standjahr des Baumes werden nach innen wachsende Triebe herausgeschnitten, außerdem Triebe, die sich kreuzen und zu stark nach innen und oben wachsen. Achten Sie auf eine harmonische Verteilung der verbleibenden Triebe, wobei die Leit-

### Tipp

Wichtig ist bei allen Gehölzen vor allem die Regel, dass alles kranke und abgestorbene Holz herausgeschnitten wird sowie alles, was sich kreuzt, schneidet und nach innen wächst.

und Fruchtäste immer auf der gleichen Höhe sein sollten. Man schneidet über den Knospen und achtet darauf, dass diese nach außen stehen.

Schnitt, Abstützen der Äste und Befreien von Schneelast verhindern Astausriss, wie hier bei einer Kirsche.

## Kernobstgehölze schneiden und pflegen

*1 Triebe, die nach innen wachsen, bekommen kein Licht. Sie werden entfernt.*

*2 Aus steilen Trieben entwickeln sich steile Äste – deshalb rechtzeitig ausschneiden!*

*3 Der Gipfeltrieb soll frei stehen; Konkurrenztriebe sind zu entfernen.*

*4 Nach dem Schnitt sind alle störenden Triebe entfernt; die Krone ist ausgeglichen.*

Es gilt die Regel: Bei schwachem Trieb wird stärker zurückgeschnitten als bei starkem. Gerade hier wird aber oft genau umgekehrt gehandelt. Allerdings wird ein starkes Triebwachstum durch einen scharfen Rückschnitt besonders angeregt; Sie erreichen also das Gegenteil von dem Gewünschten, nämlich, dass sich das Triebwachstum verlangsamt. Umgekehrt wird ein schwacher Trieb durch einen scharfen Schnitt angeregt, kräftiger zu wachsen.

### Überwachungsschnitt

Steht der Baum etwa sechs Jahre in Ihrem Garten, werden Wachstum und Ertrag durch die geeigneten Schnittmaßnahmen unterstützt.

- Stark nach unten hängende Äste werden abgeschnitten.
- Alle zu dicht stehenden Triebe werden entfernt, damit die Krone weiterhin einen lockeren und lichten Aufbau behält.

### Auslichtungsschnitt

Nach einigen Standjahren wird der Auslichtungsschnitt nötig. Hierbei werden alte Fruchtäste entfernt und zu dicht stehende Äste und Triebe sauber auf Astring herausgeschnitten.

### Verjüngungsschnitt

Bei alten und ungepflegten Bäumen fällt ein Schnitt an, mit dem man die Verjüngung des Gehölzes erreichen kann. Alle zu dicht stehenden Äste werden hierbei entfernt und ein Teil der Leitäste eingekürzt. Schneiden Sie stark nach unten hängende Äste ebenfalls ab. Um das Triebwachstum anzuregen, kürzt man Nebenzweige und Fruchtholz ein.

Gerade bei ungepflegten Obstgehölzen sieht man eine Menge Wasserreiser, die die Krone dicht werden lassen, sodass nur noch wenig Licht einfallen kann. Es handelt sich hier um die kräftigen Zweige, die an den Krümmungen der Leitäste steil nach oben wachsen. Sie haben einen enormen jährlichen Zuwachs, tragen keine Früchte und können einen Baum schwächen. Wasserreiser schneidet man dicht an der Ansatzstelle ab.

## Der Schnitt von Steinobst

Zwetschge, Reneklode, Pflaume, Mirabelle – das sind wohl die bekanntesten Steinobstarten unserer Gärten. Lange Zeit wurden die Bäume, im Gegensatz zum Kernobst Apfel und Birne, nicht geschnitten. Will man einen guten Ertrag und große Früchte ernten, sind regelmäßige Schnittmaßnahmen jedoch unumgänglich.

Grundsätzlich gelten die gleichen Schnittregeln wie beim Kernobst, allerdings sind beim Steinobst die Nebentriebe nur schwach, sodass durchaus vier bis fünf Leitäste erzogen werden können. Die Krone muss gleichmäßig und rund sein. Es lohnt sich, das Wachstum nach dem

*Wasserreiser müssen dicht am Ast oder Stamm abgeschnitten werden.*

*Um der schnellen Vergreisung vorzubeugen, kürzt man stärkere Seitentriebe zweiter und dritter Ordnung ein.*

Kronenaufbau durch Schnittmaßnahmen zu überwachen und zu dicht stehende, kahle und herabhängende Äste zu entfernen.

## Der Schnitt von Beerensträuchern

Über den Schnittzeitpunkt von Beerensträuchern streiten sich die Experten. Überwiegend wird jedoch im Herbst nach der Ernte geschnitten. Wunden heilen zu dieser Zeit besser und bei Johannisbeeren vermeidet man beispielsweise die Bildung von Fruchtknospen, die man später dann doch abschneidet. Für einen Schnitt im Winter spricht die Tatsache, dass zu diesem Zeitpunkt alle Blätter gefallen sind und es viel leichter ist, ein- und zweijähriges Holz zu unterscheiden.

### Johannisbeeren und Stachelbeeren

Neben dem Pflanzschnitt und dem Fruchtholzschnitt, bei dem Leittriebe und seitliche Verzweigungen zur Förderung der Fruchtbildung angeschnitten werden, gilt es, durch das Auslichten die Ertragsfähigkeit der Sträucher zu erhöhen.

Häufig sieht man dichte Büsche mit nur wenig Fruchtbehang, und das ist nicht verwunderlich, denn die vielen Alttriebe entwickeln nur wenig Früchte. Deshalb gilt die Regel, dass höchstens acht bis zehn Haupttriebe vorhanden sein sollten. Sie sollten gleichmäßig verteilt sein, nicht dicht am Boden liegen und in etwa gleicher Höhe geschnitten werden.

*Rote Johannisbeere vor dem Schnitt*     *Rote Johannisbeere nach dem Schnitt*

Alte Triebe erkennt man an der dunklen Rinde. Sie müssen nach etwa drei Jahren herausgeschnitten werden, da sie zu diesem Zeitpunkt im Ertrag stark nachlassen.

### Himbeeren

Bei einmaltragenden Himbeeren werden die zweijährigen, abgetragenen Triebe bodennah abgeschnitten. Dazu ist im Herbst der richtige Zeitpunkt, denn ansonsten verbreitet sich die Rutenkrankheit ungehindert.

Zweimaltragende Himbeeren oder Herbstsorten tragen oft bis zum ersten Frost. Sie sind besonders einfach in Bezug auf den Schnitt, denn hier muss nicht nach abgetragenen Ruten geschaut werden. Nach der Ernte werden nämlich ganz einfach alle Ruten bodennah abgeschnitten. Sie treiben im Frühjahr wieder neu aus.

*Einmaltragende Himbeeren nach dem Schnitt*

## Hochsaison im Obstgarten

### Das Pflanzen von Obstgehölzen

Im Spätherbst und Winter pflanzt man wurzelnackte Gehölze, die auch nur zu diesem Zeitpunkt von den Baumschulen angeboten werden. Anders ist es mit Containerpflanzen, die ganzjährig gesetzt werden können. Bei Obstbäumen und Sträuchern ist das allerdings längst nicht so verbreitet wie bei Ziergehölzen. Das Pflanzen im Winter ist sinnvoll, denn zu dieser Jahreszeit sind die Gewächse unempfindlicher. Sie werden in den Baumschulen im Oktober/November gerodet und dann mit den Wurzeln in Erdreich eingeschlagen. Zu dieser Zeit noch gesetzt, können die Wurzeln sich bei genügend Feuchtigkeit im Erdreich verankern. Wird dagegen im Sommer gepflanzt, sind die Gehölze einem erheblichen Stress in Form von Hitze, Trockenheit, Krankheiten und Schädlingen unterworfen.

### Bodenvorbereitung

Es versteht sich von selbst, dass man nur bei offenem Wetter, das heißt bei nicht gefrorenem Boden pflanzt. Etwa zwei bis drei Monate vor dem Pflanzen bereitet man ein genügend großes Pflanzloch vor, um den Boden gut zu lockern. Außerdem kann er sich dann bis zum eigentlichen Pflanzen noch genügend setzen. Das ausgehobene Loch direkt zur Pflanzung sollte etwas größer sein als der Wurzelballen selbst. Günstig ist die Einarbeitung von gut verrottetem Kompost oder Vorratsdünger in das Erdreich. Die Nährstoffe stehen dem Gehölz dann nach und nach zur Verfügung und geben eine gute Starthilfe.

### Der Pflanzschnitt

Für alle Gehölze ist ein Schnitt der Wurzeln (Wurzelschnitt) und der Triebe (Pflanzschnitt) vor dem Pflanzen nötig. Kaufen Sie in der Baumschule, wird der Schnitt zuweilen auch dort durchgeführt; üblicherweise wird er aber direkt im Garten gemacht.

Vor allem bei Kernobst spielt in diesem Zusammenhang die Saftwaage eine große Rolle. Hierzu werden die Leitäste alle auf gleiche Höhe geschnitten, um so den gleichmäßigen Austrieb zu fördern.

So werden die Wurzeln vorbereitet: Beschädigte Wurzeln abschneiden, zu lange Wurzeln einkürzen. Verwenden Sie unbedingt scharfes Schneidwerkzeug, um Verletzungen, Quetschungen und Ähnliches zu vermeiden.

*Beschädigte Wurzeln am Jungbaum schneiden Sie bis ins gesunde Holz zurück.*

Schnitt der Triebe:

- **Kernobst:** Wählen Sie drei Leittriebe und einen Mitteltrieb aus. Alle anderen Triebe werden entfernt. Aus Angst, falsch zu schneiden, lässt man häufig noch mehr Triebe stehen oder aber der Mitteltrieb wird zu hoch über den Leittrieben stehen gelassen. Diese Schnittmaßnahmen fördern jedoch lediglich eine spitze Krone, die das Ernten erheblich erschwert.

- **Steinobst:** Hier gilt das Gleiche wie beim Kernobst, nur der Pfirsichbaum weicht etwas ab, denn der Mitteltrieb wird bewusst etwas höher stehen gelassen.

- **Johannisbeere:** Fünf bis sieben starke Triebe werden um die Hälfte eingekürzt, alle anderen Triebe entfernt.

- **Stachelbeere:** Zu dicht wachsende Triebe entfernt man, alle anderen werden um die Hälfte eingekürzt.

- **Himbeeren und Brombeeren:** Die Ruten schneidet man etwa 50 cm über dem Boden ab, wodurch das Anwachsen und der Austrieb gefördert werden.

Nach dem Pflanzschnitt und direkt vor der Pflanzung sollten die Wurzeln eingeschlämmt werden, so

*Idealer Schnitt eines jungen Apfelbaumes mit Einhaltung der Saftwaage*

# Hochsaison im Obstgarten

*Durch Abspreizen der Äste kann das Wachstum positiv beeinflusst werden.*

*Nach einer radikalen Verjüngung entwickeln sich beim Pfirsich neue Triebe.*

wachsen sie schneller an. Dazu wird ein dünnflüssiger Lehmbrei aus Wasser und Gartenerde angerührt.

Zum Einsetzen häufelt man am Grund der Pflanzgrube am besten einen kleinen Erdhügel auf. Darauf kann der Wurzelstock hervorragend platziert werden. Wichtig ist, dass die Veredelungsstelle über der Erde liegt, sonst bilden sich später Wildtriebe. Nun wird Erde aufgefüllt, gut angedrückt und das ganze kräftig gewässert, damit keine Hohlräume entstehen. Sinnvoll ist vor allem an Hanglagen ein Gießrand, damit das Wasser nicht ungenutzt abfließt.

### Tipp

Schlagen Sie den Pfosten zur Befestigung und Stabilisierung des Jungbaumes vor dem Pflanzen ein, dann können Sie sicher sein, dass keine Wurzeln verletzt werden.

*Der Baum wird an einen schräg sitzenden Pfosten gebunden und kräftig angegossen.*

# Ziergehölze

Einen kompakten, ansprechenden Wuchs und große Blütenfülle erreicht man durch regelmäßige und gezielt durchgeführte Schnittmaßnahmen. Die einzelnen Sträucher und Bäume unterscheiden sich zum Teil erheblich in ihren Anforderungen.

Die meisten unserer Ziersträucher und Bäume danken einen Schnitt mit gleichmäßigem Wuchs und langer Haltbarkeit. Selbst im naturnahen Garten, der eine freie Entfaltung der Pflanzen fördern möchte, kommt man um einige Schnittmaßnahmen nicht herum.

Die beste Zeit für einen Rück- und Auslichtungsschnitt ist auch hier der ausgehende Winter. Je nach Wuchstyp und Blüte sind die einzelnen Maßnahmen recht unterschiedlich.

## Schnittmaßnahmen

Man unterscheidet zwischen dem Erhaltungs- und Auslichtungsschnitt und dem Verjüngungsschnitt. Teilweise gehen die verschiedenen Schnitte ineinander über, denn wichtig ist vor allem Folgendes:

- Krankes und abgestorbenes Holz muss entfernt werden.

- Sich überkreuzende Triebe müssen geschnitten werden.

- Zu dicht stehende Zweige müssen ausgelichtet werden.

Beim Erhaltungsschnitt geht es vor allem darum, die bisherige Form und Blühwilligkeit des Gehölzes zu erhalten, beim Auslichtungsschnitt dagegen werden zu dicht stehende Äste und Triebe entfernt. Ist ein Strauch oder Baum nämlich zu voll, dann lässt die Blühwilligkeit erheblich nach. Der Verjüngungsschnitt ist am radikalsten: Hier wird ein Baum oder Strauch radikal eingekürzt.

*Ballhortensien blühen an Trieben, die im Vorjahr gewachsen sind. Man schneidet nur Triebe mit alten Blüten.*

Ziergehölze | 217

*Manche Gärtner schneiden Deutzien gar nicht.*

*Ein zweijähriges Auslichten regt allerdings die Neubildung der Triebe an und fördert die Blühwilligkeit.*

*Oleander blüht am zweijährigen Holz. Sicherheitshalber lässt man beim Schnitt einige Triebe stehen.*

*Regelmäßiger Schnitt ist Garant für die schöne Herbstfärbung des Hartriegels.*

Wenden Sie diesen Schnitt allerdings nur dann an, wenn Sie wissen, dass das Gehölz von der Basis her wieder austreibt. Ein teilweiser Rückschnitt ist die sanftere Alternative, denn es wird nur bis auf ein Drittel eingekürzt. Dennoch hilft diese Methode vor allem bei ungepflegten Gewächsen und Gartenanlagen, um wieder eine schöne Form hineinzubringen.

### Laubgehölze

Bis Ende Januar schneidet man z. B. Liguster-, Weißdorn- und Hainbuchenhecken, die früh im Frühjahr wieder austreiben. Dabei muss nicht jedes Jahr geschnitten werden. Es kommt ganz darauf an, wie sich die Hecke oder das Gehölz entwickelt. Viele Laubgehölze werden mit den Jahren licht, sodass nur ein radikaler Rückschnitt den gewünschten Neuaustrieb vorantreibt. Hierzu wird bis ins alte Holz zurückgeschnitten, die Seitentriebe schneidet man auf zwei Augen (Knospen) zurück.

Bei Bäumen mit kugelförmigen Kronen ist ein Schnitt ebenfalls angesagt, bei dem die Triebe bis auf ein Drittel eingekürzt werden. Man spricht hierbei von einem teilweisen Verjüngungsschnitt. Der Baum wird zum Neuaustrieb angeregt und der aus der Form geratene Habitus wieder erneuert.

### Ziergehölze

Noch mehr Vorsicht ist beim Schnitt von Ziergehölzen geboten. Sie sollten unbedingt Bescheid wissen über die Botanik der Sträucher, um keinen größeren Schaden anzurichten oder durch falschen Schnitt eine komplette Blühsaison auszusetzen. Blühsträucher, die schon im Som-

# Ziergehölze

mer ihre Blütenknospen entwickeln, dürfen Sie nämlich keinesfalls im Winter schneiden. Ein Rückschnitt ist nur nach der Blüte empfehlenswert, damit der Strauch auch im nächsten Jahr Blüten entwickelt. Hierzu zählen Flieder, Glyzinie, Forsythie, Zierkirsche, Seidelbast.

Im Winter können dagegen diejenigen Sträucher geschnitten werden, die am sogenannten diesjährigen Holz blühen. Hierzu zählen Schmetterlingsstrauch, Strauchhortensie, Färberginster, Straucheibisch. Die Triebe werden bis auf wenige Knospen eingekürzt.

## Die beste Zeit

Mitte Januar bis Mitte Februar schneidet man Blasenspiere, Deutzie, Felsenbirne, Hasel, Kolkwitzie, Schneeball.

Die Weigelie zählt dagegen zu den Frühsommerblühern, die zwischen Dezember und März geschnitten werden müssen. Hierzu wird ein Drittel der ältesten Haupttriebe über dem Boden abgeschnitten, außerdem noch alles kranke, abgestorbene Holz und alle Triebe, die sich kreuzen.

## Kletterpflanzen

Auch Kletterpflanzen wie Waldrebe, Efeu und Geißblatt kürzt man bei Bedarf im späten Winter oder Vorfrühling ein. Dabei gilt die bekannte Regel: Krankes, abgestorbenes, beschädigtes Holz wird entfernt und wenn nötig auch ausgelichtet.

## *So wird gepflanzt*

Die Pflanzung der Ziergehölze ist mit der der Obstgehölze durchaus vergleichbar. Allerdings wird im Zierpflanzenbereich sehr viel häufiger Container- oder Ballenware angeboten, die eigentlich zu jeder Jahreszeit gepflanzt werden kann. Überlegen Sie sich aber gut, ob eine Pflanzung im Sommer sein muss, da diese den Gehölzen teilweise stark zusetzt. So gehen Sie vor:

- Heben Sie schon einige Zeit vor der Pflanzung eine ausreichend große Grube aus, in der sich die Wurzeln ausbreiten können.

- Bei wurzelnackten Pflanzen werden ein Wurzel- und ein Pflanzschnitt durchgeführt, bei Ballenware nur ein Pflanzschnitt.

- Der Pfahl zum Anbinden wird vor der Pflanzung eingeschlagen.

- Setzen Sie den Baum oder Strauch nun ein, wobei die Pflanzen nicht tiefer eingesetzt werden sollen, als sie vorher in der Erde standen. Die richtige Höhe der Pflanzgrube muss deshalb möglicherweise korrigiert werden.

- Füllen Sie die Erde vorsichtig in das Loch und über die Wurzeln, sodass Hohlräume vermieden werden.

- Gießen Sie sorgfältig und reichlich an.

## Pflanz- und Wurzelschnitt

Schneiden Sie beschädigte, kranke, abgestorbene und zu lange Wurzeln ab, ohne dabei die eigentliche Wurzelmasse allzu stark zu reduzieren. Bei Container- und Ballenpflanzen ist ein Wurzelschnitt natürlich nicht nötig. Hier kann gegebenenfalls die Erde um die Wurzeln vorsichtig gelockert werden, damit etwas Luft an den Wurzelballen kommt.

Bei wurzelnackten Sträuchern werden die Triebe beim Pflanzschnitt um ein Drittel eingekürzt. Bei Ballenpflanzen entfernt man dagegen nur krankes und beschädigtes Holz.

*Alle zwei bis drei Jahre sollte Winterjasmin nach der Blüte leicht ausgelichtet und zurückgeschnitten werden.*

# Stauden

Stauden verschönern den Garten das ganze Jahr über mit Blüten und Blättern. Sie stehen uns in den verschiedensten Höhen und Breiten zur Verfügung. Ein Schnitt zur richtigen Zeit gilt als unterstützende Pflegemaßnahme.

Der Schnitt von Gehölzen ist die Voraussetzung für gutes Gedeihen. Bei unseren Pracht- und Beetstauden ist das nicht anders, doch ist der Schnitt nicht so aufwendig, denn es wird nicht in Verjüngungs-, Erhaltungs- und Auslichtungsschnitt unterteilt. Der eigentliche Rückschnitt von Stauden findet im Oktober/November statt. Hierbei wird die komplette Staude bodennah abgeschnitten. Im neuen Jahr treibt sie dann problemlos wieder aus. Das Abschneiden hat den Vorteil, dass alle kranken und beschädigten Triebe entfernt werden und die Pflanze gesund in das nächste Frühjahr starten kann.

Ansonsten findet ein Pflegeschnitt im Sommer statt, indem alle verblühten Teile abgeschnitten werden. Die Staude verwendet dann keine Kraft für die Produktion von Samen, sondern bildet neue Blüten.

Bei manchen Stauden, wie dem Rittersporn, lohnt sich ein starker Rückschnitt auch nach der ersten Blüte, denn nur durch diese Maßnahme wird ein zweiter Blütenflor eingeleitet.

## *Pflege über den Winter*

Bei Gefahr von Nachtfrösten ist es ratsam, die abgeschnittenen kahlen Stauden mit Tannenreisig abzudecken. Vor allem bei Kahlfrösten kann so wirklich nichts erfrieren.

Auch das Gießen darf an trockenen Stellen im Winter nicht vergessen werden. Viele Pflanzen erfrieren nämlich gar nicht, wie oft angenommen wird, sondern sie vertrocknen.

*Nach der Blüte werden Herbstastern bodennah abgeschnitten.*

## Naturnahe Pflanzungen

Bei naturnahen Pflanzungen wird empfohlen, den Schnitt auf das frühe Frühjahr zu verlegen, denn die Blütenstängel, manchmal noch mit Fruchtkapseln behangen, geben vielen Gartenbewohnern über den Winter Schutz und Nahrung. Das ist aber auch in anderen Gärten nicht von der Hand zu weisen. Zumal der überaus dekorative Charakter von Sonnenhüten außer Zweifel steht.

## Stauden pflanzen

Stauden werden fast ausschließlich in Töpfen angeboten, das ermöglicht eine ganzjährige Pflanzzeit. Unumstritten sind die besten Pflanzzeiten für Stauden aber der Herbst und das Frühjahr. Zu diesen Zeiten ist es nicht mehr so heiß und es ist mehr Feuchtigkeit im Boden.

Vor dem Pflanzen muss der richtige Standort gewählt werden:

- Passt die Staude in Höhe, Farbe und Blühzeitpunkt zu den Nachbarn?

- Mag sie es sonnig oder mehr schattig?

- Welche Ansprüche stellt sie an den Boden?

Ist der passende Platz gefunden, wird das Pflanzloch ausgehoben. Die Staude muss darin genügend Platz haben, sollte aber genauso tief im Boden sitzen wie zuvor im Topf. Dann wird mit Erde angefüllt, festgedrückt und angegossen.

*Lassen Sie einiges Laub nach dem Schnitt liegen. Es schützt und bietet Tieren im Winter Unterschlupf.*

# Garten-dekorationen im Winter

Harmonie in Erdtönen

In Szene gesetzt – Lichtblicke

Nützliches und Schönes

# Harmonie in Erdtönen

Besonders harmonisch wirken Dekorationen, wenn sie aus natürlichen Materialien bestehen, die die warmen Töne der Erde und Zweige aufnehmen und mit kräftigeren Farben kleine Akzente setzen.

*Ein Weidenkorb eignet sich wunderbar für weihnachtliche Dekorationen.*

Bei der Dekoration unserer Gärten müssen wir Fingerspitzengefühl walten lassen, denn eine überladene Gestaltung bewirkt oftmals das Gegenteil des Gewünschten. Es soll alles wie zufällig entstanden aussehen, eigentlich so, als hätte die Natur selbst ihre Hand im Spiel gehabt.

Ein Weidenkorb, gefüllt mit dickbäckigen roten Äpfeln und scheinbar umgestoßen, präsentiert verlockend die Früchte aus dem Obstgarten. Ein Tannenzweig voller Zapfen, in einen Tontopf neben der Haustür gesteckt – das alles stimmt uns beim Anblick glücklich, heißt Gäste freundlich willkommen.

## Flechtwerk

Eine Zeit lang fand man Weidenkörbe unnütz, da man keine Verwendung mehr für sie hatte, und so kam auch das Weiden- und Korbflechten aus der Mode. Heute sind alte und große Körbe mit etwas Patina wieder sehr beliebt. Man kann sie mit verschiedenen Materialien füllen, beispielsweise mit Äpfeln, Zapfen oder Holzscheiten, und sie im Vorgarten, auf der Terrasse, am Weg oder vor der Haustür platzieren. Dazu ein einfacher, kleiner Tisch, zwei Holzstühle oder eine alte Holzbank und das Stillleben ist perfekt.

*Dicke Kerzen und Holzscheite – im Garten ebenso stimmungsvoll wie im Haus*

Ein alter geflochtener Korb kann auch gut als Blumentopf dienen: Stellen Sie einen kleinen frostharten Strauch, der verschiedenartig dekoriert werden kann, oder auch Zweige von Nadelgehölzen hinein.

## Altes Eisen mit Charme

Sehr beliebt sind schon seit einiger Zeit mit Rost überzogene Eisengegenstände: Töpfe, Pflanzenstäbe, Kugeln, Halterungen für Meisenknödel und vieles mehr. Diese Dekorationsobjekte kann man zu allen Jahreszeiten gleichermaßen verwenden, aber gerade im Winter ist die Wirkung des rotbraun schimmernden Rostes verblüffend.

Solche Objekte oder Töpfe gibt es fast überall in Gartenmärkten relativ günstig zu kaufen. Arrangieren Sie doch einfach einige Gefäße mit Christrosen auf einem kleinen Tisch. Ein paar Kiefernzapfen, wie zufällig daneben gelegt, runden das Bild ab.

Ein Brett aus Metall – es kann aber auch aus Holz sein –, auf dem mit Früchten besetzte *Ilex*-Zweige liegen, ist ebenfalls ein echter Hingucker, vor allem, wenn etwas Schnee darauf gefallen ist. Einige kleine Vögel aus Glas passen ebenfalls gut dazu.

## Keramik für jede Gelegenheit

Zum Garten gehören ohne Zweifel Ton, Terrakotta und Stein in verschiedener Form. Die Materialien aus der Natur fügen sich vor allem im Winter wunderbar harmonisch in die Palette der Brauntöne der Erde sowie der kahlen Bäume und Sträucher ein.

Werden im Winter Materialien aus Ton verwendet, sollte man unbedingt auf die Qualität achten und am besten zu Terrakotta greifen. Natürlich ist das auch eine Preisfrage, denn echte Terrakotta ist teurer.

Günstige Tontöpfe, die im Sommer gute Dienste leisten, gibt es zuhauf. Allerdings platzen die einfachen und meist preisgünstigen Tongefäße bei Frost leicht. Deren Material ist sehr dünnwandig und porös, sodass Wasser eindringt und sie bei Frost auseinanderbrechen.

Bei der etwas teureren Terrakotta gehen Sie diese Gefahr nicht ein. Am hochwertigsten soll übrigens die Terrakotta aus Impruneta sein.

*Für Außendekorationen sind Taftschleifen gut. Sie halten länger.*

*Sterne aus Antikrost wirken auch oder vor allem im Schnee sehr romantisch.*

Harmonie in Erdtönen | 227

*Verschneite Zapfen, dazu einige rote Hagebutten – wenig Aufwand, große Wirkung*

**Schlichtheit mit Wirkung**
Zu Terrakottatöpfen passen kahle Zweige sehr gut. Schön wirken vor allem Lärchenäste mit einigen kleinen Zapfen daran.

Legen Sie jeweils einen Ast vorsichtig auf einen runden Topf. Fixieren kann man ihn mit Heißkleber aus der Heißklebepistole. Auch kleinere Pinienzapfen sehen so dekoriert schön aus.

Vor einer verwitterten Mauer kann man winterliche Dekorationen besonders gut platzieren. Legen Sie einen alten Holzbalken oder ein Holzbrett auf zwei umgestülpte Töpfe und stellen Sie mehrere einfache Stein- oder Terrakottatöpfe darauf, in die Sie jeweils einen einzelnen Pinienzapfen setzen. Fällt Schnee darauf, ergibt sich ein reizvoller Anblick.

> **Tipp**
>
> Vom Herbst bis in den Winter hinein halten Dekorationen aus Lampionblumen, die bei Frost für Aufmerksamkeit sorgen.

### Bekränzt

Zu allen Jahreszeiten erzielt man mit Kränzen – aufgehängt oder gelegt – eine besondere Wirkung. Im Winter bieten sich Clematis-, Geißblatt, Efeu- oder Hopfenranken an, die einfach zu einem Ring gewickelt werden. An alten Gartenhaustüren kommen sie gut zur Geltung. Schön sieht es außerdem aus, wenn im Eingangsbereich ein Kranz auf einem Tisch oder neben der Tür liegt, mittendrin eine dicke Kerze.

Zum Winter und natürlich auch zu Weihnachten sind Kiefern- oder Fichtenkränze, klassisch mit vier Kerzen bestückt, die perfekte Dekoration.

### Dekos mit Glas

Ganz gezielt können Glaselemente im winterlichen Garten eingesetzt werden. Vor allem Glasglocken sind hier interessant, die normalerweise zur Anzucht empfindlicher Pflanzen verwendet werden.

Größere, kleinere oder aber auch nur eine einzelne Glasglocke, unter der

*Ein Türkranz, der jahreszeitlich umdekoriert werden kann*

*Einfache flache Einkochgläser sind für draußen ideale Windlichter.*

Zweige, Zapfen, Nüsse oder Äpfel liegen, zählen zu den elegantesten Dekorationen im Garten. Gut geschützt und bei kühlen Temperaturen kann das Ganze bis zum Frühling stehen bleiben. Die etwas aus der Mode gekommenen Glaskugeln können, auf Stäbe gesteckt oder an Beetecken gelegt, im Winter sehr effektvolle Akzente setzen, wenn die Wintersonne darauf scheint. Das gilt übrigens auch für stabilere Figuren aus Glas wie beispielsweise Vögel. Ohne dominant aus der kahlen Umgebung hervorzustechen, erzielen sie ihre Wirkung auf ganz zarte und zurückhaltende Weise.

## Winterschutz und Deko

Besonders geschickt können Sie den Winterschutz empfindlicher Gewächse zur Dekoration nutzen. Klas-

### Winterliche Käseglocke

Einfache Käseglocken erfüllen die Funktion der teureren Anzuchtglocken aus Glas und sind außerdem im Durchmesser breiter, sodass mehr Platz zum Dekorieren bleibt, ohne dass die Glocke vollgestopft erscheint.

*Kristallzapfen und Schleifen verschönern winterharte Kübelpflanzen.*

# Harmonie in Erdtönen

*Korkenzieherhasel macht in jedem Gefäß eine gute Figur. Mit Kugeln und Kerzen wird's weihnachtlich.*

*Bei Schneefall erhalten die farbigen Christbaumkugeln dicke weiße Mützen.*

sisch schlicht und schön sind Jutesäcke, die wie eine Mütze über Strauch und Baum gestülpt werden. Verschließen Sie den Sack am Topf mit einer roten Schleife oder raffen Sie den oberen Teil wie eine Zipfelmütze zusammen, der dann ebenfalls eine rote Schleife bekommt.

Neu auf dem Markt sind Winterschutzkappen aus filzigem Material. Es gibt sie z. B. in Rot und Grün. Manchmal müssen es gar nicht mehr Farbakzente sein, um das Gartenbild zu beleben.

Kleinere Stauden, die geschützt werden müssen, oder Leitungen, die nicht einfrieren dürfen, werden mithilfe von Strohballen gut bedeckt. Sie können gleichzeitig aber auch als willkommene Ablagefläche für einen Kranz oder einige Töpfe dienen. Solchermaßen erhöht ist nichts zu übersehen.

## Liebevoll behängt

Wie erstarrt ragen die Triebe von Bäumen und Sträuchern in die Luft. Vom Schnee oder Frost werden sie eingehüllt und ergeben filigrane Gestalten und Figuren. Wir können uns dabei Einiges abschauen von dem großen „Naturmaler" und selbst ein bisschen Leben in die kalte Szenerie bringen. Hängen Sie einige Strohsterne oder dicke rote Kugeln in die Äste und Zweige vor dem Haus oder dem Eingang. Vor allem bei Glaskugeln sollten Sie auf den Platz achten, an dem der Strauch oder Baum steht. Er sollte einigermaßen wind- und wettergeschützt sein, damit die Pracht nicht zerschellt.

Nicht so anfällig für das Wetter sind dicke rote Schleifen, die nach Regen und Schnee allerdings wieder auseinander gezogen werden müssen, damit sie ihre Wirkung nicht verlieren. Vermeiden kann man das Problem, indem man einen Zweig unter das geschützte Vordach des Hauseinganges in ein verwittertes Gefäß stellt. Er kann mit roten Schleifen oder einer Kette aus Zieräpfeln, Nüssen und Zapfen dekoriert werden.

# In Szene gesetzt – Lichtblicke

**Gerade im Winter brauchen wir Licht, das die dunkle Zeit ein wenig erträglicher macht, den Abend erhellt und uns in Gedanken wärmt.**

Nichts ist schöner, als der Glanz einer Kerze in winterlicher Zeit. Sie erleuchtet zwar nur einen kleinen Bereich, macht aber doch erstaunlicherweise Vieles hell, scheint uns zu wärmen und zu entspannen. Ein friedlicher Anblick, so eine Kerze oder ein Feuer – man kann sich gleichermaßen verlieren und seine Mitte finden.

Vor allem der Glanz weihnachtlicher Kerzen übt eine Faszination aus, der sich nur wenige Menschen entziehen können.

Mittlerweile gibt es auch für den Außenbereich Leuchten und Lampen, die durch ihr sanftes Licht einen ganz ähnlichen Effekt erzielen. Richtig im Garten platziert, schaffen sie eine Szene, die ohne Licht nicht denkbar wäre.

### *Kerzenschein*

Um eine heimelige Atmosphäre zu erzeugen, bedarf es nicht viel: Eine Kerze im Dämmerlicht oder bei Dunkelheit zwischen einige *Ilex*-Zweige oder in einen Kranz gestellt, Fackeln, die in frostiger windstiller Nacht verschiedene Gartenbereiche

*In bodenlose Flaschen kann man Teelichter einhängen.*

In Szene gesetzt – Lichtblicke | 233

*Lampionblumen bringen Farbe ins Spiel.*

in mattes Licht tauchen, viele kleine Teelichter, die auf eine Mauer im Hof gestellt werden – mehr muss es nicht sein. Damit die Kerzen lange brennen und man sie nicht beobachten muss, lohnt es sich, einige Windlichter anzuschaffen. Sie können aus Stein, Metall und Glas oder einem anderen Material sein, sollten aber in das Gesamtbild des Gartens und zu dessen Stil passen. Schlichtere Gefäße ohne Verzierungen passen zu geradlinigen, klassischen Gärten, romantische Windlichter, ornamental verschnörkelt und geschmückt, eignen sich für verspielte und verträumte Arrangements.

### Tipp

Wählen Sie für die Dekoration ein größeres Windlicht aus, das neben der Kerze auch noch einigen Zapfen Platz bietet.

*Eiskristalle und kleine Windlichter wirken schön an einem kahlen Ast.*

## Licht in allen Facetten

Egal ob Lichterketten, Strahler oder Leuchten – wichtig beim Einsatz ist die geschickte und fast unsichtbare Anbringung. Denn nichts ist unschöner als ein mit Drähten und Kabeln versehener Baum oder Strauch, die bei Tageslicht zu sehen sind. Fest steht jedoch, dass man mit Licht sehr stimmungsvolle Gartenbilder erzeugen kann. Gräser am Teich, mit einzelnen Strahlern beleuchtet, entfalten ihren ganzen Charme, ebenso die kahlen Äste von Bäumen, die mithilfe von Lichterketten wie mit kleinen Sternen übersät wirken.

Es muss aber nicht immer ein einzelner Baum oder ein Teich sein, der illuminiert wird. Sie können mit Lichterketten und Leuchten auch schöne Winterszenen schaffen. Legen Sie beispielsweise eine Lichterkette um eine Zypresse im Topf, die in der Nähe einer Steckdose steht. So kann das Kabel zwischen den grünen Zweigen kaum sichtbar und geschickt versteckt werden. Ebenso bezaubernd wirken Lichterketten, wenn sie um einen Topf herum gewunden werden. Damit es auch tagsüber ein schönes Bild gibt, können Kabel und Schnüre mit Zweigen und Ranken überdeckt werden.

*Wie kleine Sternchen leuchten Lichterketten zwischen den Ästen.*

# Nützliches und Schönes

**Dekorationen im Garten können nicht nur schön aussehen, sondern auch sinnvoll und für viele Gartenbewohner von Nutzen sein.**

Am schönsten sind Dekorationen, die am Ende des Winters verbraucht sind und mit wenigen Handgriffen abgeräumt werden können.

In der kalten Jahreszeit denken wir natürlich auch an die vielen Gartenbewohner, vor allem Vögel, die auf Nahrungssuche sind. Wir dürfen jedoch nicht allzu sehr in menschlichen Dimensionen denken, denn für Tiere gelten andere Gesetze. Der Bund Naturschutz e. V. empfiehlt, nicht allzu früh mit dem Füttern zu beginnen und nur dann etwas bereitzustellen, wenn es wirklich bitterlich kalt ist und Schnee liegt. Der Grund: Die Tiere gewöhnen sich schnell an die Fütterung und suchen mit der Zeit nicht mehr nach Nahrung. Sie verlernen ihr typisches Verhalten und sind dann umso mehr den widrigen Bedingungen des Wetters ausgesetzt.

Doch fast jeder Winter hat eine sehr kalte Phase, in der wir einige Leckerbissen bereitstellen können. Zusätzlicher Nutzeffekt: Schön angerichtet ist die Fütterung gleichzeitig Dekoration für den Garten.

Werden Vogelhäuschen oder Fütterungsstellen in Fensternähe aufgestellt, können Sie außerdem in Ruhe die Tiere beobachten. Das ist vor allem auch für Kinder eine schöne Beschäftigung, die auf diese Weise gleichzeitig einige unserer heimischen Vögel kennenlernen.

*Vogelhäuschen können im Winter mit Früchten der Natur verschönert werden.*

### Einfache Ideen

Praktisch und schön sind abgeblühte Sonnenblumenköpfe, die schon im Herbst aufgehängt werden können. Am besten befestigt man die Köpfe mit einem etwas stärkeren Band an einem Nagel an einer Hausmauer. Kopfüber aufgehängt können die Vögel ihr Geschick zeigen und picken sich gern die Körner heraus.

### Vogelhäuschen

Hygiene steht beim Einsatz von Vogelhäuschen an erster Stelle. Sie müssen vor dem Winter und auch im Frühjahr die Häuschen gut säubern, um Krankheiten vorzubeugen.

Schmücken Sie im Winter die Häuschen mit einigen Zweigen von *Ilex*, Kiefer oder Fichte und legen Sie einen rotbäckigen Apfel und einige kleine Zapfen dazu. Auch Vogelbeerzweige und Zieräpfel sehen dekorativ aus.

### Meisenknödel selbst gemacht

Besonders dekorativ sind selbst hergestellte Meisenknödel. Man kann sie in viele unterschiedliche Formen gießen und mit roten Bändchen versehen in Bäume, Sträucher oder vorgefertigte Halterungen aus Metall hängen.

> ### *So wird's gemacht*
>
> Rinder- oder Kokosfett wird erwärmt (beim Kochen entsteht ein unangenehmer Geruch). Ist es weich, gibt man eine Körnermischung oder nur Sonnenblumenkerne dazu und füllt die Masse in Plätzchenformen.
>
> Vor dem Erhärten müssen Sie ein Loch durchstechen, um das Futter aufhängen zu können.

# Gartenprojekte

Weidenruten als lebendes Gehölz

Einen Lagerkeller bauen

# Weidenruten als lebendes Gehölz

In den Boden gesteckte Weidenruten bilden schnell neue Wurzeln. Sie können damit lebende Holzkonstruktionen herstellen.

# Weidenruten als lebendes Gehölz

*Werden die Bäume radikal zu sogenannten Kopfweiden heruntergeschnitten (links), regt das den Baum zu frischem Austrieb an.*

Solange die Weiden in der Saftruhe sind, vertragen sie selbst einen radikalen Rückschnitt ohne Schaden. Vom Herbst bis zum Frühjahr ist auch die richtige Zeit zur Gewinnung von Schnittgut für Flechtwerk im Garten. Weidentriebe, die während der Wachstumszeit geschnitten werden, brechen dagegen leicht. Sie sind zum Flechten unbrauchbar. Die Zeitspanne zum Schneiden von Weidenruten ist deshalb begrenzt.

In der Saftruhe verkraften die Bäume und Sträucher auch den Rückschnitt alter Äste. Der radikale Eingriff regt sie sogar zur Verjüngung und Entwicklung junger, kräftiger Triebe an. Natürlich ist es nicht erlaubt, einfach in freier Natur Weidenruten abzuschneiden. Zur Schnittgutgewinnung dienen entweder eigene Weiden, die im Garten angesiedelt wurden oder solche Exemplare, die beispielsweise von Herbststürmen umgeworfen wurden oder bei Pflegearbeiten auszuschneiden sind. Früher wurden Weiden speziell als Rohstoffquellen an Bächen und Entwässerungsgräben kultiviert. Die Bäume erhielten jedes Jahr einen radikalen Rückschnitt bis auf kurze Stummel über dem Stamm. So entstanden mit der Zeit die typischen Kopfweiden. Die meterlangen Jahrestriebe dienten zum Korbflechten und für andere Handarbeiten. Besonders gut waren die langen elastischen Triebe der Korbweide, *Salix viminalis*, geeignet, die sich durch

*Ein gepflasterter Sitzplatz unter einer großzügigen Laube aus langen Weidenruten, die gerade austreiben*

*Auch Zäune lassen sich aus Weidenruten herstellen. Bei solchen Flechtzäunen bestehen die Pfosten aus lebenden Weiden.*

eine gelbe Rinde auszeichnen. Aber auch andere Arten entwickeln ein brauchbares Material, das nach wie vor Verwendung für Flechtarbeiten findet.

## Lebende Bauwerke

Einsatzgebiete für Weidenflechtwerk gibt es vielerorts im Garten. Aus den langen, elastischen Ruten lassen sich Zäune, Sichtschutzwände, Klettergerüste, Pflanzgefäße, echte Lauben und viele andere natürliche Gestaltungselemente konstruieren. Dicke Stämme oder Äste dienen als Zaunpfosten, Palisaden zur Hangabsicherung, als Bauholz für Kinderspielgeräte und dergleichen. Das Besondere daran ist, dass lebendes Weidenholz auch ohne Imprägnierung haltbar bleibt. Die Stämme und Pflöcke treiben bei Bodenberührung Wurzeln und wachsen an der Baustelle an.

## Schnittgut gewinnen

Für Flechtwerk eignen sich die jungen kräftigen Triebe, die im letzten Jahr gewachsen sind, besonders gut. Diese Ruten können mehrere Meter lang sein. Vor allem wenn die Schnittgutpflanzen jedes Jahr radikal gestutzt werden, bringen sie ungewöhnlich lange Triebe hervor.

Weiden sind allgemein sehr schnittverträglich. Sie müssen von Natur aus häufig Verletzungen hinnehmen, außerdem ist das alte Holz sehr brüchig. Zur Schnittgutgewinnung benötigt man eine scharfe Schere. Sie erleichtert die Arbeit und schont die

Weidenruten als lebendes Gehölz | 243

Selbst Sitzgelegenheiten lassen sich aus lebenden Weidenruten bauen. Hier wurden die feinen Ruten durch eine Sitzplatte und eine Lehne mit vorbereiteten Bohrungen geführt. Für den nötigen Bodenabstand und die Verbindung zwischen Sitz und Lehne sorgen Metallstreben, die mit den Holzteilen fest verbunden wurden.

Mutterpflanzen, zumal sie glatte Schnittstellen hinterlässt, die zügig heilen. Beim Schneiden ist darauf zu achten, dass vorzugsweise störende und zu dicht stehende Triebe entfernt werden. So lässt sich der Schnitt zugleich zur Gesunderhaltung der Weiden nutzen – jedenfalls bei solchen Gehölzen, die naturnah aufwachsen und erhalten bleiben. Sie werden im Zuge der Schnittgutgewinnung nur ausgelichtet. Bei Kopfweiden, die einen radikalen Rückschnitt aller jungen Jahrestriebe hinnehmen müssen, bleiben nur kurze Stummel mit wenigen Knospen übrig.

## Naturbauten aus Baumhasel

Noch eine ganze Reihe anderer Bäume eignen sich gut, um natürliche „Bauwerke" herzustellen, beispielsweise Bergahorn, Wildapfel oder Weiß-Weide. Wer sich einmal mit der Erschaffung solcher Kunstwerke beschäftigt hat, wird nur schwer davon lassen können. Bei der Auswahl eines Gehölzes sind natürlich der Boden im Garten, Klima und Standort, aber auch die Wuchshöhe von Bedeutung. Auch aus Baumhasel, *Corylus colurna*, kann man schöne kleine Lauben und Ähnliches bauen.

In der Anschaffung sind die Pflanzen relativ teuer, allerdings sind sie gut zu flechten und auch für das spezielle Stadtklima geeignet. Die Baumhasel ist sehr anpassungsfähig, wächst aber am besten auf lehmigem, kalkhaltigem Boden in Sonne bis Halbschatten. Der jährliche Zuwachs beträgt etwa 35 cm, ein Baum wird bis zu 20 m hoch.

## Ein Weidentipi bauen

Für ein Indianerzelt aus Weiden sind neben den langen Ruten, die zum Flechten dienen, etliche dickere Zweige oder Äste nötig. Die Anzahl richtet sich nach der Größe des Tipis und dem Abstand der einzelnen Weidenpflöcke. Die Ruten sollten jedenfalls keine zu großen Zwischenräume überspannen, damit sie straff zwischen den Pflöcken sitzen. Die Pflöcke geben festen Halt, wenn sie etwa 10 bis 20 cm tief im Boden stecken. Der konische Bau steht auch ohne feste Verankerung sicher. Sind die Pflöcke angewachsen, verankert sich das Zelt von selbst. Nach dem Einstecken der Weidenpflöcke und dem Zusammenbinden mit dünnen,

### Lagerung und Weiterverarbeitung

Die geschnittenen Ruten werden gebündelt und bis zur Verarbeitung in einer Regentonne gelagert. Damit die Ruten anwachsen, empfiehlt sich eine baldige Verwertung, sonst trocknen die Triebe aus.

# Weidenruten als lebendes Gehölz | 245

*Ein Tipi aus Weidenruten ist schnell und einfach gebaut und erfreut nicht nur Kinder.*

## So entsteht ein Tipi

*1* Während der Saftruhe im Winter schneidet man die benötigten Ruten ab und hält die Schnittstellen feucht.

*2* Ein Ring aus kräftigen Ruten wird in Größe der Grundfläche des Tipis in den Boden gesteckt.

*3* Schon nimmt das Indianerzelt aus Weidenruten Gestalt an. Zwischen die dicken Ruten kommen nun kleinere.

*4* Hier wartet das Flechtwerk von Tipis und kleinen Lauben auf milderes Wetter, damit die Zweige ausschlagen.

## Weidenruten als lebendes Gehölz | 247

elastischen Weidenruten oder mit einer Naturfaserschnur kommt das Einflechten an die Reihe. Dazu werden junge, elastische Ruten vom Boden aus jeweils wechselweise je nach deren Länge zwischen drei oder mehr Pflöcke eingeflochten. Ein strenges Schema gibt es aber nicht. Statt mithilfe von dicken Pflöcken kann ein Tipi auch nur aus jungen langen Ruten entstehen. Diese werden dazu in geringen Abständen wechselweise schräg in den Boden gesteckt und an den Berührungsstellen verbunden. Wichtig ist, dass die Ruten fest sitzen und ein stabiles Flechtwerk entsteht.

In feuchtem Boden bilden sich schnell Wurzeln. Der Austrieb erfolgt schon im Frühjahr nach dem Aufbau. Kräftige junge Triebe sind im nächsten Winter schon wieder als Schnittgut für Flechtarbeiten brauchbar.

*Auch aus trockenen Weidenruten kann man ein zünftiges Indianerzelt bauen. Es lässt sich bei Bedarf versetzen.*

*Unter dieser Laube findet man einen schattigen Sitzplatz.*

# Einen Lagerkeller bauen

**Kartoffeln, Kohlköpfe, Karotten sowie Äpfel, Birnen und andere Gartenfrüchte lassen sich recht lange lagern, wenn sie in dunklen, kühlen Räumen aufbewahrt werden. Gute Bedingungen bieten Erdmieten und Keller im Garten.**

Im Heizungskeller hält sich das Obst und Gemüse nicht lange frisch. Bessere Bedingungen als die trockenen, warmen Hauskeller bieten Erdmieten und ähnliche Naturlager im Freien oder in einem speziellen Gebäude. Früher wurden Kartoffeln direkt auf dem Feld eingemietet. Dazu dienten flache Gruben, die ein dickes Strohpolster hatten. Nachdem die Knollen aufgeschichtet und mit Stroh abgedeckt worden waren, blieben sie unter einem Erdmantel bis zum Frühjahr frisch.

Natürlich lassen sich solche Mieten auch heute noch anlegen. Allerdings bieten feste Kammern oder Keller auf jeden Fall bessere Lagerbedingungen, zumal sie jederzeit zugänglich und zudem vor Mäusen sicher sind.

*In einem abgetrennten Gebäude untergebrachte Lagermöglichkeiten bieten optimale Bedingungen.*

# Einen Lagerkeller bauen

*Alte, in den Boden eingegrabene Waschmaschinentrommeln eignen sich gut als Vorratsbehältnis im Freien.*

## Kleine Vorratskammern

Für kleine Mengen genügen Lagerkammern mit geringem Volumen. Das können beispielsweise Betonringe sein, die es in verschiedenen Größen im Baustoffhandel gibt. Kleine Rohre werden am besten senkrecht in den Boden eingesetzt und mit einem passenden Holzdeckel verschlossen. Auch mit Edelstahltrommeln aus gebrauchten Waschmaschinen, und zwar aus Topladern, lässt sich mithilfe von Styroporflocken vom Recyclinghof eine vorzügliche Erdmiete anlegen. Dazu wird im Garten eine Grube ausgehoben (je nach Bedarf für beliebig viele Trommeln). Da hinein stellt man nun Stück für Stück die Trommeln und fixiert sie seitlich mit etwas Erde, damit sie nicht rollen. Eine Schüttung aus Styroporflocken oder -chips (oder auch Stroh) dient zur Dämmung gegen Kälte oder Wärme. Eine Abdeckung mit Schalungsdeckeln oder Brettern hält Regen und Schnee ab und macht die Miete jederzeit zugänglich. Die Miete ist übrigens völlig mäusesicher und durch die Edelstahltrommeln auch verrottungsfest. Das Gemüse oder das Lagerobst (je nach Art) bleibt lange Zeit frisch – anders als etwa in einem herkömmlichen trockenen und warmen Hauskeller!

## Selbst gebaut!

Große Ringe, reihenweise zusammengestellt, bilden eine Röhre. Da die Ringe allerdings normalerweise für den Brunnenbau geschaffen sind, brechen sie leicht. Beim Zusammenbau muss deshalb mit größter Vorsicht gearbeitet werden. Sie werden mit dem LKW geliefert und mit

## Bau eines Erdkellers aus Brunnenröhren

*1 Zuerst wird genau gemessen.*

*2 Die Brunnenröhre wird vorsichtig eingesetzt.*

*3 Genaues Einpassen ist besonders wichtig.*

*4 Mit Erde wird angeböscht oder mit Gras eingesät.*

## Einen Lagerkeller bauen

### Bau eines Erdkellers aus Brunnenröhren

5  Für die Tür wird rechts und links abgemauert.

6  Ein Metallring dichtet ab und dient der Isolierung.

7  Eine Wand aus Natursteinen stützt die Erdschüttung.

8  Die Röhre wird mit einer Holzwand verschlossen.

einem Kran an die Baustelle gehievt. Dazu eignet sich eine Hanglage. Der Betonkeller kann aber auch auf ebener Fläche entstehen, wenn die Röhre anschließend einen dicken Mantel aus Erde bekommt. Die Rück- und Vorderseite können zugemauert oder mit einer Trockenmauer verschlossen werden. Der Zugang in den Keller ist durch eine gedämmte Tür möglich. Als Belüftung dienen Ton- oder Kunststoffrohre, die mit eingemauert werden und kleine Öffnungen in der Vorder- und Rückwand bilden.

Das Prinzip ist ganz einfach und die Länge beziehungsweise die Tiefe der Kammer lässt sich beliebig erweitern. Statt der drei Ringe, die für einen kleinen Keller genügen, kann man auch vier, fünf oder mehr Ringe aneinanderreihen. Es sind armierte Betonringe mit 200 cm Innendurchmesser; das ist gerade Stehhöhe. Die Rohre sind nicht ganz billig, doch handelt es sich bei dem Lagerkeller ja auch um eine dauerhafte Anlage, die Ihnen im Laufe der Jahre viel Geld und Zeit spart, weil weniger Gemüse und Obst zugekauft werden muss.

Wählen Sie einen Platz für den Lagerkeller, der eine Zufahrt hat, denn rollen lassen sich die Ringe nicht. Beim Aufstellen ist darauf zu achten, dass die Ringe jeweils in die vorhandene Nut einrasten. Dies erfordert Maßarbeit vom Kranführer. Kleine Korrekturen sind nachher mit einem Wagenheber möglich.

### Vorratskeller aus Betonrippen

Sobald die Röhre richtig steht, wird sie mit Erde angeböscht und bepflanzt oder mit Gras eingesät. Das ist die ideale Dämmung. Eine Frontwand aus Natursteinen stützt die Erdschüttung und sieht zudem dekorativ aus. Die Röhre selbst wird mit einer gedämmten Holzwand verschlossen und mit einer ebenso gedämmten Tür zugänglich gemacht. Die Einrichtung besteht aus Holzfächern, die je nach Nutzung in beliebigen Abständen an die Wand gedübelt werden. Den Boden bedeckt Schotter oder Kies. Ist alles richtig zusammengebaut, herrscht in der Röhre ein konstantes ideales Lagerklima mit 80 % Luftfeuchte und einer Temperatur von 6 bis 10 °C, je nach Dicke der Dämmung.

### Keller mauern

Ein Keller kann auch ganz aus Betonsteinen entstehen. An einer geeigneten Baustelle wird dafür eine Grube ausgekoffert. Mit Schnellbausteinen aus Beton können die vier Wände rasch hochgezogen werden. Für die Tür bleibt eine angemessene Laibung offen. Zum Betonieren der Decke ist eine Schalung nötig. Dieser gemauerte Erdkeller kann nach dem Aushärten der Betondecke ebenfalls eine natürliche Dämmschicht aus Gartenerde bekommen. Er bietet sich auch als Basis für einen Gartenschuppen an.

*Doppelter Nutzen: Unten ein Erdkeller, oben ein Schuppen*

> **Tipp**
>
> Erdkeller oder Erdmieten bieten sich auch zum Lagern von Edelreisern an (Triebe zum Veredeln von Obstbäumen) oder für Steckhölzer (Triebe zur Vermehrung von Zier- und Obststräuchern) und andere Güter, die ein kühles, dunkles Milieu brauchen.

## Bau eines gemauerten Kellers

*1 Als unterste Schicht kommt Beton.*

*2 Vier Wände werden hochgezogen.*

*3 Zum Betonieren der Decke wird eine Schalung benötigt.*

*4 Die Betondecke wird geglättet und kann trocknen.*

# Register

**A**cer
– *davidii* 51
– *japonicum* 51
– *palmatum* 12
– *rubrum* 50
*Aconitum carmichaelii* 36
Adventswirsing 79
Afrikanisches Lampenputzergras 63
Ahorn 49 f.
Alpenveilchen 19
Amberbaum 51
*Anemone*
– *hupehensis* 45
– *japonica* 12, 36, 45
Antikrost 226
*Antirrhinum majus* 28
Apfel 110 ff.
Apfelwaage 214
Aralie 51
*Arcanthemum arcticum* 12
Artischocke 70 f.
Asia-Salat 192 f.
Aster 13, 37, 39 ff., 148 f., 156
*Aster*
– *amelus* 40
– *divaricatus* 36
– *dumosus* 12, 36, 40
– *novae-angliae* 40
– *novae-belgii* 40
Atlas-Schwingel 59
Auslichtungsschnitt 208, 210, 216

**B**artblume 12
Bartfaden 35
Basilikum 95 f.
Bataviasalat 86
Baumscheibe 109
Beerenobst 108
– Schnitt 211
Beetpflanzen 25 ff.
Bergaster 40
*Bidens ferulifolia* 28
Birne 113 ff.
Blaue Mädchenkiefer 182
Blauschwingel 62
Blumenkohl 77
Blut-Storchschnabel 36
Blütenskimmie 175
Blutroter Hartriegel 51
Bodenmüdigkeit 68
Bodenschutz 128 ff.
Bodenvorbereitung 128 f., 213
Bohne 72 ff.
Bohnenkraut 97
Borretsch 97 f.
*Briza maxima* 63
Brokkoli 78
Buchsbaum 173, 175 ff.
Buntsalbei 103
Buschbohne 72 f.

*Buxus* 175
– *microphylla* 176 ff.
– *sempervirens* 176 ff.

*Calendula officinalis* 28
*Callicarpa bodineri* 178
*Calluna vulgaris* 12
*Campanula medium* 28
*Caryopteris clandonensis* 12
Chili 75
*Chimonanthus praecox* 163
Chinakohl 79 f.
Chinaschilf 61
Chinesische Zaubernuss 166
Christrose 21, 170 f.
Chrysantheme 39 ff., 42
*Chrysanthemum grandiflorum* 42
*Colchicum* 20 ff.
– *autumnale* 21
*Coreopsis tinctoria* 28
*Cornus*
– *alba* 51
– *sanguinea* 51
*Cosmos bipinnatus* 28
*Cotinus coggygria* 51
*Cotoneaster* 178
– *dammeri* 175
*Crocus* 20 ff.
– *sativus* 23
– *speciosus* 23
*Cyclamen*
– *coum* 19, 169 f.
– *hederifolium* 19
*Cyperaceae* 57

**D**ahlie 10, 13, 15 ff., 148 f.
Davids-Ahorn 51
Dekorationen 144 ff., 224 ff.
Dill 98
Dränage 139
Duft-Heckenkirsche 166 f.

*Echinacea purpurea* 38
Edelgladiole 18
Efeu 174 f., 179
Eichblattsalat 86
Eiertomate 87
Einjährige 24 f.
Einjähriger Sonnenhut 32
Eisbeere 54
Eisenbaum 51
Eisenkraut 28
Elfenspiegel 28
Endivie 75 f., 86
Erdkeller 250 f.
Erdmiete 248 f.
Erdtrommel 120 f., 195 f. 248 f.
Erhaltungsschnitt 216
*Erica* 163
Ernte 67 ff., 186 ff.
Erziehungsschnitt 208
*Eschscholzia californica* 28

Eselsdistel 25
*Euonymus* 175
– *europaeus* 53
– *fortunei* 179

**F**ächer-Ahorn 51
Fackeln 232
Fallschirm-Sonnenhut 38
Federborstengras 57, 62
Federbuschstrauch 51
Fenchel 76
*Festuca cinerea* 62
Fetthenne 13, 37, 43
Feuerbohne 73
Feuerdorn 175
Fichtenreisig 133, 136
Flechtwerk 225, 242
Flechtzäune 242
Fleischkraut 85
Folientunnel 121
*Fothergilla major* 51
Frostgare 129
Frostriss 134
Frostschutz 136 ff.
Fruchtwechsel 68
Frühbeetkasten 123

**G**alanthus 170 f.
Garten-Fuchsschwanz 25, 37
Gartenboden 128 ff.
Gartenchrysantheme 42
Gartengeräte 141
Gartenhortensie 52
Gartenplan 196 f.
Gartenteich 140
Gaultherie 13
Gehölze 48 ff.
Gemüsegarten 66 ff.
Gemüsepaprika 75
Gemüsevlies 132, 187 f.
Gemüsezwiebel 89
*Geranium sanguineum* 36
Geschlitzblättriger Sonnenhut 38
Gewöhnlicher Buchsbaum 176 ff.
Gewöhnlicher Spindelstrauch 53
Gewürzpaprika 75
Gladiole 18
Glaselemente 228
Glattblattaster 40 f.
Glockenblume 28
Goldrute 44
Goldsalbei 103
Goldzweizahn 13
*Graminae* 57
Gräser 56 ff.
Grönlandmargerite 12
Gründüngungspflanzen 129 f.
Grünkohl 78
Gurke 76

**H**aferwurzel 191
Hagebutte 54 f.

Halloweenleuchte 153 ff.
*Hamamelis*
– *intermedia* 166
– *mollis* 166
Hartriegel 51
Hauptkultur 68
Heidekraut 12 f.
*Helianthus* 31 ff.
– *annuus* 31
– *atrorubens* 31
– *decapetalus* 31
*Helleborus niger* 171
Herbst-Alpenveilchen 19
Herbstanemone 12, 36, 45
Herbstblüher, einjährige 25
Herbsteisenhut 36
Herbstflieder 12
Herbstkrokus 13, 20 ff.
Herbstprachtkrokus 22
Herbststauden 36
Herbststeinbrech 12, 36
Herbstzeitlose 13, 20 ff.
Himbeeren 118
– Schnitt 212
*Hippophae rhamnoides* 54
Hohe Fetthenne 12, 36
*Hordeum jubatum* 63
Hortensie 52
Husarenknopf 28

*Ilex* 174
– *aquifolium* 180
– *meserveae* 180
Immergrüne 172 ff.

**J**ahreszeiten-Beet 11
Japan-Ahorn 51
Japananemone 45
Johannisbeertomate 87
*Juncaceae* 57
*Juniperus* 182

**K**alkanstrich 135
Kanadische Goldrute 44
Kanadische Hemlocktanne 182
Kappenmohn 28
Kapuzinerkresse 25
Kartoffel 77
Keramik 226
Kernobst 108
– Schnitt 208
Kerzen 232
Kerzenständer 151
Kiefern 182
*Kirengeshoma palmata* 36
Kissenaster 12, 36, 40 f.
Kleinwüchsiger Sonnenhut 38
Kletterhortensie 52
Kletterspindelstrauch 179
Knollen überwintern 135
Knollenfenchel 76
Knollenpflanzen 14 ff.

## Register

*Koeleria glauca* 62
Kohl 77 ff.
Kohlrabi 79
Kolkwitzie 51
Koniferen 173, 182
Kopfsalat 85
Korbweide 241 f.
Kornblumenaster 41 f.
Kränze 145 ff., 228
Kräuter 92 ff.
 – trocknen 124
Kräuterbeet 93
Kronenformen 203 f.
Krummholzkiefer 182
Kübelpflanzen 139
Kulturdahlie 16
Kulturfolge 68
Kürbis 80, 153 ff.

**L**agerkeller 122, 125, 194 f., 248 ff., 252 f.
Lagerkontrolle 194 f.
Lagerung 120 ff.
Lampen 232
Lampenputzergras 59, 62
Lampionblume 151, 228, 233
Lauch 89
Lauchzwiebel 89
Leuchten 232, 235
Lichterketten 235
Liebstöckel 99
*Liquidambar styraciflua* 51
Lollo Rosso 86
Löwenmaul 28
Lupine 130

**M**ädchenauge 28
Mähnenfichte 182
Mähnengerste 63
Mahonie 167, 175
Mangold 84
Markiersaat 85
Mehrjährige 24 f.
Meisenknödel 237
Melisse 99 f.
Mieten 195
Minze 100 f.
*Miscanthus* 61
 – *sinensis* 61
Mischkultur 69, 197
Mittelzehrer 68
Mizuna 193
Möhre 84 f.
Mulch 130 f., 133

**N**achkultur 69
*Nemesia strumosa* 28
Nüsse 118

**O**bstgarten 106 ff.
Orient-Lampenputzergras 62

**P**ak Choi 193
Pampasgras 57
*Panicum virgatum* 60
Paprika 75
*Parrotia persica* 51

Pastinake 191 f.
*Pennisetum*
 – *alopecuroides* 62
 – *orientale* 62
 – *setaceum* 63
Perückenstrauch 51
Petersilie 100 f.
Pfaffenhütchen 53
Pfefferminze 100 f.
Pflanzdichte 11
Pflanzenhöhe 11
Pflanzschnitt 202, 208, 213, 219
Pflaume 117 f.
Pflaumen-Fetthenne 43
Pflegeschnitt 220
*Phacelia* 130 f.
*Picea glauca* 175
Planung 11, 120, 196 f.
Porree 89
Prächtiger Sonnenhut 38
Prachtkrokus 23
Prunkwinde 24
Purpursalbei 103
*Pyracantha* 175

**Q**uercus coccinea 50
Quitte 115 ff.

**R**asenpflege 135
Raublattaster 40 f.
Rauer Sonnenhut 32
Rebsorten 118 f.
Riesenchinaschilf 61
Riesenzittergras 59, 63
Ringelblume 25, 28
Rose 136
Rosmarin 102
Rot-Ahorn 50
Roter Fächerahorn 12
Roter Kopfsalat 86
Roter Sonnenhut 38
Rotkohl 79
Rückschnitt 202 f., 216
*Rudbeckia*
 – *fulgida* 32, 36, 38
 – *fulgida* var. *sullivanti* 12
 – *hirta* 28, 32
 – *laciniata* 38
 – *nitida* 38
Rutenhirse 58, 60

**S**afran-Krokus 23
Saftwaage 213 f.
Sägewunde 207
Salat 85 ff.
Salatkohl 193
Salbei 25, 102
*Salix viminalis* 241 f.
Samthortensie 52
Sanddorn 54 f.
*Sanvitalia procumbens* 28
Sauergräser 57
*Saxifraga cortusifolia* 12, 36
Scharlach-Eiche 50
Scheinbeere 174
Schillergras 62
Schirmtanne 182

Schlangenhaut-Ahorn 51
Schlehe 54
Schmalblättrige Zinnie 33
Schmuckkörbchen 26, 28
Schneeballhortensie 52
Schneeglöckchen 21, 170 f.
Schneekirsche 167 f.
Schnittlauch 103 ff.
Schnittmaßnahmen 110, 202 ff., 216
Schnittwerkzeug 205
Schönfrucht 178
Schwachzehrer 68
Schwarzwurzel 188
*Sedum* 43
 – *cauticolum* 43
 – *telephium* 12, 36, 43
Siegwurz 18
Silberzwiebel 89
*Skimmia* 181
 – *japonica* 175
 – *reevesiana* 180
Skimmie 181
*Solidago canadensis* 44
Sommerkürbis 81
Sommerschnitt 203
Sonnenblume 29 ff.
Sonnenhut 12, 28, 36, 38
*Sorbus aucuparia* 54
Speisekürbis 80 ff.
Spindelstrauch 175, 179
Spitzkohl 77
Spornblume 13
Stangenbohne 72 ff.
Starkzehrer 68
Stauden 24 ff., 34 ff.
Stechpalme 180
Steckrübe 191 f.
Steinobst 108
 – Schnitt 210
Steppensalbei 13
Strohblume 28
Sträuße 145 ff.
Süßgräser 57
*Syringa microphylla* 12

**T**artarischer Hartriegel 51
*Taxus cuspidata* 175
Teelichter 233
Teich 140
Teichpumpe 140
Terrakotta 226
Thuja 182
Tipi 244 ff.
Tomate 87
Ton 226
Topfdekorationen 156 ff.
Trauben 118 f.
Türkranz 145 ff., 152

**Ü**berwachungsschnitt 208, 210
Umgraben 128 f.
Unterlage 205

**V**erbena bonariensis 28
Veredelungsstelle 109
Verjüngungsschnitt 202 f., 210

*Viburnum bodnantense* 168
Vlies 187 f.
Vogelbeere 54
Vogelhäuschen 237
Vorfrühlings-Alpenveilchen 169
Vorkultur 69
Vorratshaltung 120 ff.
Vorratskammer 249 ff.

**W**acholder 182
Wachsglocke 36
Waldaster 36
Wasseranschluss 141
Wasserbedarf 139
Wasserpflanzen 140
Wasserreiser 210
Weide 51
Weidenruten 240 ff.
Weidentipi 244 ff.
Weinstock 118 f.
Weißdorn 54
Weißer Hartriegel 51
Weißkohl 77, 79
Wildfrüchte 54 f.
Wildobst 107
Wildrose 54 f.
Wildstauden 35
Windlichter 233
Winterblühende Mahonie 167
Winterblüte 163
Winterfeuchtigkeit 137
Wintergemüse 186
Winterheide 163
Winterjasmin 166
Winterkürbis 81
Winterling 169
Winterporree 89
Winterportulak 188 f.
Winterschneeball 168
Winterschutz 132 ff., 229
Winterzwiebel 89
Wirsing 79
Wundverschluss 207 f.
Wurzelgemüse 188
Wurzelschnitt 213, 219

**X**erochrysum bracteatum 28

**Z**apfen 227
Zaubernuss 164 ff.
Ziergehölze, Früchte 151 f.
Ziergehölzschnitt 216 ff.
Ziergemüse 90
Zierkürbis 80 ff.
*Zinnia*
 – *angustifolia* 33
 – *elegans* 28, 33
Zinnie 28, 33
Zucchini 84
Zuckerhutfichte 175, 182 f.
Zweijährige 24 f.
Zweizahn 28
Zwergkiefer 174
Zwergmispel 175, 178
Zwetschge 117 f.
Zwiebel 89
Zwiebelpflanzen 14 ff.

**Über die Autorin:**
Die Autorin und Lektorin Christine Weidenweber, Jahrgang 1962, hat Agrarwissenschaften in Gießen studiert und entdeckte schon früh auf dem elterlichen landwirtschaftlichen Betrieb ihre Liebe zu Pflanzen und zur Natur. Zu den Schwerpunkten der leidenschaftlichen Gärtnerin zählen die Themen Gartenbau, Botanik, Ökologie und Pflanzenzüchtung.

**Bildquellennachweis:**
Angela Francisca Endress (Idee, Fotografie und Styling): S. 222/223, 223, 224, 225, 226 (2), 227, 228, 229, 230, 231 (2), 232, 233, 234, 235, 236/237

BGL/PdM: S. 174

BilderKiste – Monika Zilliken, Hünstetten: S. 43

CMA: S. 107

Gartenschatz GmbH, Stuttgart: S. 18 (2), 45, 61, 130

Hans Reinhard/Okapia: S. 126/127, 198/199

Jürgen Gräfe, Stadtroda: S. 134, 200/201, 203, 204, 208, 210, 211, 212 (3), 214, 215 (2), 216, 217 (2), 218 (2), 219, 221

Kullmann & Partner GbR: S. 171 u., 178

mauritius images GmbH: GAP S. 195 u.; Hans Reinhard S. 220

Peter Himmelhuber, Regensburg: S. 108, 113 (2), 120/121, 123 o., 151, 154 o. l., 154 o. r., 185, 188, 194, 201, 202, 205, 206 u. l., 206 u. r., 207 (4), 209 (4), 213, 215 u., 239, 240, 241 (2), 242 (2), 245, 246 (4), 247 (2), 248, 249, 250 (4), 251 (4), 252, 253 (4)

picture alliance/dpa, Frankfurt: S. 136; chromorange S. 131; Hans Reinhard/ Okapia S. 13, 139 r.; Photoshot S. 19, 60; Robert Maier/Okapia 195 o.; Thomas Kottal S. 156; Visionspictures S. 23, 157

PIXELIO: © Pegas S. 33; © Catfriend S. 176; © Jobst, Bärbel S. 179; © Lanznaster, Maria S. 118; © Mariocopa S. 244; © Mensi S. 170

Wilhelm Schwieters, Legden: S. 15 (3), 16 (2), 17 (7), 150 u. l.
Wir danken der Firma Dahliengroßkulturen W. Schwieters für die unentgeltliche Überlassung des Bildmaterials.

Alle anderen Fotos stammen aus dem Archiv Hans-Werner Bastian, Brühl.